宋元史料叢刊

河朔訪古記

〔元〕迺賢 撰
張平鳳 楊曉春 整理

上海古籍出版社

圖書在版編目（CIP）數據

河朔訪古記 /（元）迺賢撰 ；張平鳳，楊曉春整理. 上海 ：上海古籍出版社，2024. 12. -- （宋元史料叢刊）. -- ISBN 978-7-5732-1444-7

Ⅰ. K292

中國國家版本館 CIP 數據核字第 2024XG8010 號

宋元史料叢刊

河朔訪古記

〔元〕迺　賢　撰

張平鳳　楊曉春　整理

上海古籍出版社出版發行

（上海市閔行區號景路 159 弄 1－5 號 A 座 5F　郵政編碼 201101）

（1）網址：www. guji. com. cn

（2）E-mail：guji1@guji. com. cn

（3）易文網網址：www. ewen. co

山東韻傑文化科技有限公司印刷

開本 850×1168　1/32　印張 7. 75　插頁 2　字數 142,000

2024 年 12 月第 1 版　2024 年 12 月第 1 次印刷

ISBN 978－7－5732－1444－7

K・3766　定價：52. 00 元

宋元史料叢刊編輯緣起

平時研究與教學過程中，往往會閱讀、利用一些篇幅雖然不大，但是史料價值較高，却尚未得到現代整理，或者已有整理工作、尚待完善的歷史文獻，尤其以有關元代歷史和宋元之際、元明之際歷史的文獻居多，於是萌生出專門整理此類歷史文獻並彙編成叢書的設想。

自二〇一七年提出初步想法並開列十八種歷史文獻的書單至今，不覺已經七年之久。現在上海古籍出版社的鼎力支持下，叢書即將陸續出版，謹略述緣起如上。

並略作本叢書整理的基本説明如下：

一、整理以標點（標綫）與校勘爲基本的方式。

二、除了點校這一主體工作，還盡量通過各種附録（索引）的編製，增加所整理的歷史文獻的閱讀和使用的便利度，增强整理工作的學術性。至於附録（索引）的具體編製方式，則不拘一格。

楊曉春

二〇二四年八月一日

目録

卷下　河南郡部……一一〇

前言

一、河朔訪古記之作者廼賢其人

河朔訪古記，元人廼賢撰。

廼賢（一三〇九—一三六八），又寫作迺賢、乃賢（寫作廼賢有其傳世墨迹南城詠古十六首可證，以下行文統一寫作廼賢），字易之，漢姓馬，哈剌魯人。元代後期著名文士，有詩集金臺集二卷傳世。哈剌魯是元代色目人之一種，又寫作葛邏禄、合魯等。故而廼賢又稱爲葛邏禄廼賢、葛邏禄易之、合魯易之，大約是以族爲姓的稱法。成吉思汗對外征服初年，西域哈剌魯國主歸降，派軍隊隨蒙古人一起作戰，於是有部分哈剌魯人開始入居中原。入居中原的哈剌魯人主要參與了蒙古統治者的征服活動，其命運也與蒙古征服活動緊密地結合在一起。世祖至元二十四年（一二八七年）置哈剌魯萬户府於襄陽，成宗大德二年（一二九八年）置司南陽，廼賢祖上大約就在此時定居南陽府汝州郟縣（今河南郟縣），所以廼賢自稱南陽人（劉迎勝老師就這種看法作過詳細分析，參見劉迎勝廼賢雜考，載劉全勝、劉震編内陸歐亞歷史語言論集——徐文堪先生古稀紀念，蘭州大學出版社，二〇一四年；收入劉迎勝蒙元史考論，蘭州大學出版社，二〇一四年，第三三三至三四二頁)。南陽哈剌魯人參與了伯顔統帥的征宋軍隊，平宋之後，部分哈剌魯人又入居慶元路鄞縣(今浙江寧波)，繼續擔任軍職，其中就包括迺賢一家。不過在慶元的哈剌魯人很好地實現了由武到文的轉變，甚至還有多人高中進士，迺賢的兄長塔海便是延祐五年(一三一八年)進士。迺賢正是在這樣的一種時代條件和地域條件下成長爲一位漢文化修養相當高的色目文士。

迺賢成長於慶元，早年與其兄塔海一道師事當地的儒者鄭覺民和高岳。弱冠之年到大都，入國子監，後至元六年(一三四〇年)返回慶元。至正五年(一三四五年)七月再度北上大都，經淮西到達其祖籍地南陽，在汝州、郟縣等地都作了停留，也遊歷了洛陽、汴梁、鄭州等地，然後渡黄河北上，經衛輝路、彰德路、大名路、廣平路、真定路，於至正六年(一三四六年)初到達大都。這次在大都，迺賢交結了不少文士、官僚，還一度隨兩都巡幸的隊伍到了上都，不過並未能謀得官職。至正十二年(一三五二年)，天下大亂，於是南返，約在次年回到慶元。數年後，浙東慶元、台州、温州三路爲方國珍所據，而方氏「深忌色目人」(語出瞿佑歸田詩話卷下「梧竹軒」條)，迺賢的處境並不好。直到至正二十二年(一三六二年)，朝廷徵他爲翰林國史院編修官，於是在至正二十三年(一三六三年)，迺賢第三次北上大都。至正二十四年（一三六四年），迺賢奉命代祀海嶽，由海路南下淮東、江浙、福建，從漳州返回大都。至正二十八年（一三六八年）五月，也就是元朝即將滅亡的時候，迺賢病故［以上關於迺賢的生平，主要參考陳高華元代詩人迺賢生平事迹考，文史第三十二輯，中華書局，一九九〇年；收入陳高華元史研究新論，上海社會科學院出版社，二〇〇五年，第二六二至二八七頁。有關迺賢生平的研究，還有：（一）白崇人元代著名回族詩人納新生平考略，回族文學叢刊一九八〇年第一期。（二）星漢迺賢生平考略，新疆大學學報一九八八年第四期。（三）楊鐮元西域詩人群體研究第四部第三章不歸之旅：迺賢其人其詩，新疆人民出版社，一九九八年。（四）段海蓉元末江南士人在大都的活動——以迺賢爲例，中國文化研究二〇〇九年冬之卷。（五）劉嘉偉元代葛邏祿詩人迺賢生平考述，西北民族研究二〇一〇年第二期。（六）劉迎勝迺賢雜考，載劉全勝、劉震編內陸歐亞歷史語言論集——徐文堪先生古稀紀念，蘭州大學出版社，二〇一四年；收入劉迎勝蒙元史考論，蘭州大學出版社，二〇一四年，第三三三至三四二頁］。

二、河朔訪古記之成書

迺賢不但是一位詩人，也是一位學者，河朔訪古記正是其史學方面的代表作。此書展示了廼賢對中國歷史的廣泛了解，對歷史遺迹的高度關心，也反映了元人訪古、考史的一些特點。可惜河朔訪古記原書已佚，現存祇有清代乾隆年間修纂四庫全書之時從永樂大典輯出之本。明代著録河朔訪古記的文獻，較晚的有萬曆時期焦竑的國史經籍志（焦竑國史經籍志卷三史類地里行役，續修四庫全書第九一六册影明徐象橒刊本，第三七二頁）。而清初黄虞稷的千頃堂書目仍見著録（黄虞稷撰，瞿鳳起、潘景鄭整理千頃堂書目卷九地理類下，上海古籍出版社，二〇〇一年，第二三二頁）。黄虞稷書則主要是在他父親黄居中藏書的基礎上形成，據此估計河朔訪古記之佚，在明清之際。

輯本不但内容減少了很多，而且缺少原書之序跋（四庫本據劉仁本文集收了一篇序），不足以使我們了解河朔訪古記成書的情況。而據時人王禕河朔訪古記序和劉仁本河朔訪古記序，可以大致了解相關的情況。

促成廼賢寫作河朔訪古記最主要的機緣，是他至正五年（一三四五年）第二次北上大都，得以遊歷北方很多地方，了解當地的歷史和古迹。劉仁本河朔訪古記序載：

> 乃至正五年，挈行李，出浙，度淮，溯大河而濟，歷齊、魯、陳、蔡、晉、魏、燕、趙之墟，吊古山川、城郭、丘陵、宫室、王霸人物、衣冠文獻、陳迹故事，暨近代金宋戰爭、疆埸更

> 變者。或得于圖經地志，或聞諸故老舊家，流風遺俗，一皆考訂，夜還旅邸，筆之於書。又以其感觸興懷，慷慨激烈成詩歌者繼之。總而名曰河朔訪古記，凡一十六卷。

此序不但明確記録了北上遊歷的時間，還明確記録了遊歷的地方，以及考察的古迹的具體類型，並且説到是在旅行途中當時就進行了寫作，還説到參考地方文獻以及進行採訪的情況。至於説到書中還有不少詩歌，輯本已經不能看到。劉仁本序又載：

> 然獨愛其文，於京都國家之典禮、官署、城池，廟廷祭享、朝班、鹵簿，聖德臣功、文武士庶，一代威儀制作，尤加詳備。非惟後日可應史氏採摭，將百世損益，殆有所據焉。

則河朔訪古記還包括頗多的大都見聞。這在現存輯本中也是完全没有的。

劉仁本序提到爲此書作序的有許安陽（有壬）、黄金華（溍）、危臨川（素）、余武威（闕），均爲當時最知名的文士，應該是至正六年之後廼賢在大都的那段時間約請的。廼賢友人張仲深有一首用蔣伯威韻賀馬易之自京回，當作於大約至正十三年廼賢自大都回到慶元之時，其中云「近聞河朔新成記」，並注：「易之有河朔訪古記，黄政卿、危太樸、許可用三先生有序。」（張仲深子淵詩集卷四，景印文淵閣四庫全書第一二一五册，第三四四頁）提及的作序者爲黄溍（字晉卿，「政卿」或「晉卿」之訛）、危素（字太樸）、許有壬（字可用）三人。張仲深詩中一個「新」字，説明河朔訪古記是在此前不太久的時候完成的，而迺賢則携帶書稿南歸慶元。

劉仁本序則作於至正二十三年（一三六三年），時當迺賢第三次北上大都之前。

王禕河朔訪古記序載：

既壯，肆志遠游。乃絶淮入潁，經陳蔡以抵南陽，由南陽浮臨汝而西，至於雒陽，由雒陽過龍門，還許昌，而至於大梁，歷鄭、衛、趙、魏、中山之郊，而北達於幽燕。於是大河南北古今帝王之都邑，足迹幾遍。凡河山、城郭、宫室、塔廟、陵墓、殘碣、斷碑、故基、遺迹，所至必低佪訪問，或按諸圖牒，或訊諸父老，考其盛衰興廢之故，而見之於紀載。至於撫時觸物，悲喜感慨之意，則一皆形之於咏歌，既乃裒其所紀載及咏歌之什，以成此書。

此序未署寫作時間，從迺賢在大都的交遊看，應當也是至正六年後在大都所寫。王禕和迺賢在大都一帶應該有不少交集。至正九年（一三四九年）的兩都巡幸，王禕也參加了，他有上京大宴詩序（載王忠文公集卷六），廼賢則有上京紀行組詩及其他的一些詩作（載金臺集卷一）；至正十年（一三五〇年）王禕離開大都返回故鄉金華，廼賢作詩送王子充歸金華（載金臺集卷二）。有關廼賢與王禕交往的討論，另參陳高華元代詩人廼賢生平事迹考，文史第三十二輯，中華書局，一九九〇年；收入陳高華元史研究新論，上海社會科學院出版社，二〇〇五年，第二六二至二八七頁）。可知王禕序作於至正十年南返之前。

所載廼賢遊歷的情況，和劉仁本序大致相仿，但是没有具體記録遊歷的時間。王禕序記録的遊歷地點，也較劉仁本序要更加具體，或許是王禕寫序時相去遊歷的時間十分接近的緣故，而劉仁本寫序時已經相去廼賢當年的遊歷幾近二十年。劉仁本序中的「齊、魯」，偏離了從河南經河北南部北上大都的常規路綫，似乎是不準確的記録。不過至正十二年（一三五二年）貢師泰葛邏禄易之詩序也説廼賢「少居江南，長遊齊、魯、燕、趙之間，以客於京師」（載金臺集卷首，明毛氏汲古閣刊元人十集本（12969），國圖數字古籍），同樣出現了「齊、魯」，看來還不能輕易否定。王禕序同樣也講到書中有大量的詩歌。

比較劉仁本序和王禕序，發現核心内容（即前文各引之一段）高度一致：先講廼賢北遊所經之地，再講遊覽古迹的類型，接着又講廼賢既有對地方文獻的查詢，也有對當地人士的採訪，最後還講到書中有詩歌。大概劉仁本看到王褘序之後，有所參考。

綜合可知，廼賢至正五年北上大都途中在河南、河北遊歷當地歷史遺迹的見聞，構成了河朔訪古記的主體内容，他在不少地方同時還有詩歌創作，也包含在書中；至正六年（一三四六年）至十二年（一三五二年）在大都的見聞，也是此書的重要組成部分，主要的序言也都寫於此時；而至正二十三年（一三六三年）劉仁本序似乎是此書最後一篇序言。

王褘序記河朔訪古記有二卷，劉仁本序記有十六卷，差異甚大。從現有輯本祇涉及三路就尚有相當的篇幅來看，原書二卷則似有誤。國史經籍志、千頃堂書目均著録該書有十二卷，王褘序有可能脱漏了「十」字。當然，「十二卷」與「十六卷」也是有一定差異的。

河朔訪古記書名中的「河朔」，原指河北之地，「朔」即「北」也。而此書記録的範圍，要超出河北之地，特别是包括河南一些地方，書名中的「河朔」，應該衹是取其記録的主要區域而概指的一個用詞。

不過廼賢對此書以及書名中的「河朔」一詞還很是在意。至正十一年（一三五一年）八月，他在大都與六位友人一起考察大都城南的古迹，各作組詩十六首，廼賢在南城詠古十六首詩序中便署作「河朔外史」，想必這是對他人生中一段難得的集中考察中原北方歷史遺迹的一種紀念。詩序如下：

至正十一年秋八月既望，太史宇文公、太常危公偕燕人梁處士九思、臨川黄君殷士、四明道士王虚齋、新進士朱夢炎，與余凡七人，聯轡出遊燕城，覽故宫之遺迹。凡其城中塔廟、樓觀、臺榭、園亭，莫不裴徊瞻眺。拭其殘碑斷柱，爲之一讀，指其廢興而論之。予七人者，以爲人生出處聚散不可常也，解后一日之樂有足惜者，豈獨感慨陳迹而已哉！各賦詩十有六首以記其事，庶來者有所徵焉。河朔外史廼賢易之序。

十六首詩歌的詩題則爲古迹名，分别是黄金臺、憫忠閣、壽安殿、聖安寺、大悲閣、鐵牛廟、雲仙臺、長春宫、竹林寺、龍頭觀、妝臺、雙塔、西華潭、白馬廟、萬壽寺、玉虚宫，詩注中還有唐、金、元相關歷史的扼要説明，結合詩序，頗可以想象廼賢諸人考察大都南城即金中都舊城古迹的情形。通過南城詠古十六首，也可以想象輯本河朔訪古記未存的詩歌的大概［南城詠古十六首載金臺集卷二，上引詩序據明毛氏汲古閣刊元人十集本（12969），國圖數字古籍］。作組詩數日後，廼賢應同行者朱夢炎之請，抄録一份自己的詩作，此稿尚存，藏於故宫博物院，從中也可以看出廼賢的書法風格和造詣（南城詠古十六首墨迹圖版收入李艷霞主編故宫博物院藏品大系書法編第八册元，故宫出版社，二〇一三年，第二〇〇至二〇九頁。按：墨迹本詩序文字與文集本略有不同，如『十有六首』作『一有六首』，序末無『序』字）。

三、現存河朔訪古記之版本

現存河朔訪古記的版本，均源自清乾隆時期修纂四庫全書之初的永樂大典輯本。各種四庫全書鈔本均將此書收入史部地理類遊記之屬。關於河朔訪古記的傳世版本，中國古籍總目（史部第七册，中華書局、上海古籍出版社，二〇〇九年，第三八三六頁）著録如下：

河朔訪古記三卷　元迺賢（納新）撰
四庫全書本
武英殿聚珍版書本（福建本、廣雅書局本）
真意堂三種本
清道光十七年晁貽端待學樓刻本　國圖　上海　南京
守山閣叢書本
粵雅堂叢書本
清抄本（清沈樹鏞跋）　上海

以往有學者簡略説明過河朔訪古記的版本情況(劉嘉偉迺賢文獻情況稽考,圖書館工作與研究二〇一〇年第四期),或者某些版本的情況(葉愛欣校注迺賢集校注「前言」,河南大學出版社,二〇一二年,第五三至五五頁),還有學者詳細比較過某些版本文字的差異(崔世平、王銀田文津閣本與文淵閣本河朔訪古記的比勘研究,暨南學報二〇二一年第三期)。不過總體而言,河朔訪古記的版本狀況並未得到充分的梳理。

以下詳細介紹現存河朔訪古記的主要版本,特别就各種版本之間的關係作出比較明確的説明,以便爲本次點校選擇合適的底本和參校本提供依據。

現存四庫全書原鈔本河朔訪古記有三種:

(一)乾隆四十五年(一七八〇年)文溯閣四庫全書本。原書現藏甘肅省圖書館,尚未影印出版,詳情不知。其提要則收載民國時期金毓黻等編文溯閣四庫全書提要,可知末署「乾隆四十五年八月恭校上」(金毓黻等編文溯閣四庫全書提要卷四十二史部十六地理類四,中華書局,二〇一四年影民國二十四年遼海書社排印本,第一三六〇至一三六一頁)。

(二)乾隆四十五年(一七八〇年)文津閣四庫全書本。原書現藏中國國家圖書館,二〇〇六年商務印書館影印本文津閣四庫全書收入第五九三册。此本前有「提要」,末署「乾隆四十五年八月恭校上」。有劉仁本河朔訪古記序,此序係從劉氏羽庭集中輯出。正文三卷,半葉八行，行二十一字。每卷首行爲「欽定四庫全書」，次行爲「河朔訪古記」及卷數，下署「元納新撰」。

（三）乾隆四十六年（一七八一年）文淵閣四庫全書本。原書藏臺北故宮博物院，一九八三至一九八七年臺灣商務印書館景印文淵閣四庫全書收入第五九三册。此本前有「提要」，末署「乾隆四十六年三月恭校上」。有劉仁本河朔訪古記序。正文三卷，半葉八行，行二十一字。每卷首行爲「欽定四庫全書」，次行爲「河朔訪古記」及卷數，下不署名。

此兩本顯示了四庫館臣輯出河朔訪古記後所作的四方面的工作：其一，將元代的非漢文人名的譯名改成清代的譯名。首先是作者署名「廼賢」改爲了「納新」。這是乾隆時期整理歷史文獻的通病，不過好在河朔訪古記凡改動之處大都作注説明了所改原詞的寫法，因此可以很方便地回改爲元代當時的譯名。文津閣本改動要徹底一些，文淵閣本偶有未曾改動的例子。例如卷上「史丞相遺愛碑」條，文淵閣本保留了「伯顔」、「徒單」，文津閣本改作「巴延」、「圖克坦」；卷中「羑里城文王廟」條，文淵閣本保留了「康里回回」，文津閣本改作「喀爾和和」。其二，將一些所謂「違礙」的字詞改爲一般的詞彙，主要是「夷」、「狄」一類概指非華夏民族的用詞。此方面則文淵閣本改動比較徹底，尤其可以卷中「韓國華墓」條爲代表，相反則文津閣本改動較少。其三，利用其他的歷史文獻，對於書中有關地名、地名沿革、人名、數字等内容進行考證，指出原書的錯誤。共七處，見於卷中「蕩水」條、「西門豹祠」條、「尉遲公廟碑」條（三處），卷下「河南府路」條、「漢章帝敬陵」條。其四，對於有些條目不應該出現在相關位置的情況，也作出説明。僅見卷中「滏陽縣」條，以爲磁州滏陽縣(「滏陽縣」條上一條爲「磁州」條)在元代爲廣平路所領，金代屬於彰德路，而作者僅僅路經滏陽，所以相關條目附見於彰德路。除了少數人名以及「違礙」字眼的改動，以上大都是以小字注文的形式作出的，前加「案」字，所以非常醒目。加之内容的特點，也很容易和原書的幾處小字注文相區别。

除了上述元代人名和「違礙」字眼的改動文津閣本和文淵閣本有所不同，具體比較兩本一般的文字，結論如下：第一，兩本總體上非常接近，文字方面的差異不大。第二，兩本文字互有正誤，可以互補。具體而言，卷上文津閣本較文淵閣本錯誤爲多；卷中文淵閣本較文津閣錯誤爲多；卷下本就篇幅最小，兩本主要的異文僅有不多的幾處，文淵閣本錯誤爲多。第三，兩本文字有較大差異的是卷上「平棘縣」條，相較文淵閣本，文津閣本減省了五處文字；卷上「千萬壘」條，文淵閣本「叠曰千萬」四字處文津閣本爲空白。比較這兩條的不同，則可以看出以文淵閣本爲更佳。

比較兩本還可知，卷上「平棘縣」條文淵閣本字數較文津閣本爲多，多出一行，似乎因此之故，文淵閣本調整此後「永通橋」條的每行字數，前三行每行增加二、三、五字，總體減少了一行，而求得每葉行數和文津閣本的重新一致(參見圖一)。

文津閣四庫全書本

卷上第四葉上

定路領縣七曰平棘為附郭縣曰寧晉曰臨城曰高邑
曰柏鄉曰隆平曰贊皇
平棘縣漢屬常山後置宋子縣晉屬趙國後魏趙郡治復置宋
子縣隋自象城移趙州治此改置平棘縣唐宋金皆因
之國朝為趙州屬縣倚郭縣兼理城中
管仲曰鄗邑之黍春秋納荀寅於柏人鄗為晉邑柏鄉
即柏人今治即鄗邑也漢屬鉅鹿郡高祖八年次柏人
趙相貫高謀殺上上心動問縣名柏人上曰柏人者迫

欽定四庫全書　河朔訪古記　卷上　四

卷上第十葉下

所終今真定平山縣東十三里有蒲吾古城即杲所居
也
趙州城西門外平棘縣境有永通橋俗謂之小石橋方
之南橋差小而石工之製華麗尤精清洨二水合流橋
下此則金明昌間趙人裒錢而建也建橋碑文中憲大
夫致仕王革撰橋左復有小碣刻橋之圖金儒題咏併
刻於下
李昉書院吟臺附　元氏縣封龍山龍首峰下有宋丞相李

欽定四庫全書　河朔訪古記　卷上　十

文淵閣四庫全書本

定路領縣七曰平棘為附郭縣曰寧晉曰臨城曰高邑
曰柏鄉曰隆平曰贊皇
趙州附郭曰平棘縣漢初屬常山郡後置宋子縣晉屬
趙國後魏為趙郡治所復置宋子縣隋自象城移趙州
治此改置平棘縣唐宋金皆因之國朝為趙州屬縣倚
郭縣兼理城中
管仲云鄗邑之黍春秋納荀寅于柏人鄗為晉邑柏鄉
即柏人今治即鄗邑也漢屬鉅鹿郡高祖八年次柏人

欽定四庫全書　河朔訪古記　卷上　四

唐高宗召不起明皇迎入禁中賜號通元先生後不知
所終今真定平山縣東十三里有蒲吾古城即杲所居
也
趙州城西門外平棘縣境有永通橋俗謂之小石橋方之南
橋差小而石工之製華麗尤精清洨二水合流橋下此則金明
昌間趙人裒錢而建也建橋碑文中憲大夫致仕王革撰橋左復有
小碣刻橋之圖金儒題詠併刻于下
李昉書院吟臺附　元氏縣封龍山龍首峰下有宋丞相李

欽定四庫全書　河朔訪古記　卷上　十

圖一　文津閣本、文淵閣本河朔訪古記書葉比較圖之一

雖然文津閣本鈔成時間較文淵閣本爲早，但是這種現象這並不能説明文淵閣本是根據文津閣本而鈔的。因爲元代非漢人名改動方面文津閣本改動多，文淵閣本改動少，文淵閣本不可能根據已經改字的某種四庫全書鈔本而改回。文淵閣本鈔録過程中可能參考了已有鈔本的行款，盡量保持一致。

此外，還可與下述待學樓本注中保存的翁方綱輯本的文字特徵進行比較，明顯可以看出文淵閣本相較文津閣本更接近翁方綱輯本。例如卷上「真定路」條「城中今置燕南河北道肅政廉訪司及真定路總管府以鎮之」，文淵閣本與翁本作「司」，而文津閣本等作「使」，作「司」是，待學樓本據元史及翁本改作「司」。卷上「安濟橋」條「纖巧奇絶」，文淵閣本與翁本作「纖」，而文津閣本等作「細」。卷下「白馬寺」條「經論日繁」，文淵閣本與翁本作「綸」，而文津閣本等作「論」，此處作「經論」指佛教之「經」與「論」，較「經綸」爲佳；「傍翼以閣雲房精舍齋庖庫厩」，文淵閣本與翁本無「以」，而文津閣本等有，按「傍翼以閣」與上一句「前三其門」對仗，且全句多爲四字，符合一般行文習慣。

翁方綱輯本爲最初輯出之本，而據以上的文字比較也可知河朔訪古記現存諸本中（除了文溯閣本不可知），文淵閣本更多保持了初輯本的面貌。特别是有部分文字差異並不能輕易判斷其正誤之時，是否接近翁方綱輯本可以成爲其他版本的文字是否比較原始的一個判斷標準。因此，在考慮底本選擇方面，文淵閣本有其優勢，可以優先對待。

而文津閣本有時存在着臆增臆改的現象，也是值得注意的現象。例如卷上「隋李康清德頌碑」條，文津閣本第二行增一字而爲二十二字，懷疑是根據前文作「康成」而臆補一「成」字，所據之本同文淵閣本等作「康」。而作「康成」實乃有誤，待學樓本已據集古録做過辨析。卷中「羑里城文王廟」條，第五行「大元至元六年夏十有二日建」文淵閣本等紀月作「夏」而不知幾月，文津閣本作「孟夏」，然此行增多一字作二十二字，懷疑文津閣本所據之本仍同文淵閣本等作「夏」，而臆補一「孟」字（參見圖二）。

文瀾閣四庫全書尚存，但是其中大半爲補鈔，所收河朔訪古記也爲補鈔本：

（四）光緒間錢塘丁氏補鈔文瀾閣四庫全書本。咸豐年間文瀾閣四庫全書大量損毁，後在光緒年間經丁申、丁丙兄弟以及民國時期學者陸續收集並補鈔，得以恢復。其中河朔訪古記即爲丁氏補鈔者（浙江省圖書館古籍部編浙江省圖書館古籍善本書目附録三文瀾閣四庫全書版況一覽表，浙江教育出版社，二〇〇二年，第九二七頁）。二〇一五年杭州出版社文瀾閣四庫全書收入第六〇一册。此本前有「提要」，末署「乾隆　年　月恭校上」。正文二卷，半葉八行行二十一字。每卷首行爲「欽定四庫全書」，次行爲「河朔訪古記」及卷數，下署「元納新撰」。此本作二卷，和文津閣四庫全書本、文淵閣四庫全書本不同，也

文津閣四庫全書本

卷上「隋李康清德頌碑」條

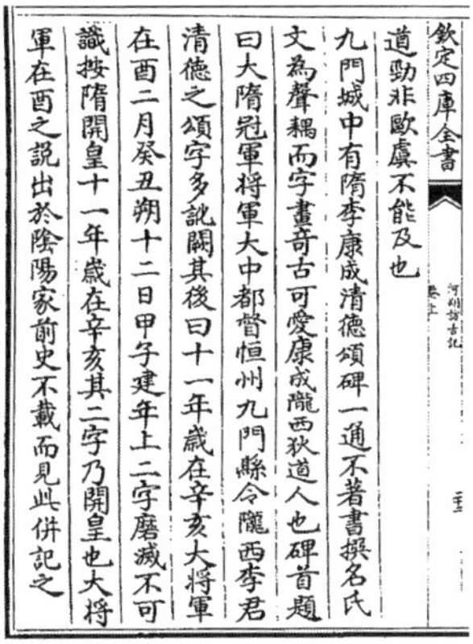
欽定四庫全書　河朔訪古記　卷上

道勁非歐虞不能及也
九門城中有隋李康成清德頌碑一通不著書撰名氏
文爲聲稱而字畫奇古可愛康成隴西狄道人也碑首題
曰大隋冠軍將軍大中都督恒州九門縣令隴西李君
清德之頌字多訛闕其後曰十一年歲在辛亥大將軍
在酉二月癸丑朔十二日甲子建年上二字磨滅不可
識按隋開皇十一年歲在辛亥其二字乃開皇也大將
軍在酉之説出於陰陽家前史不載而見此併記之

卷中「羑里城文王廟」條

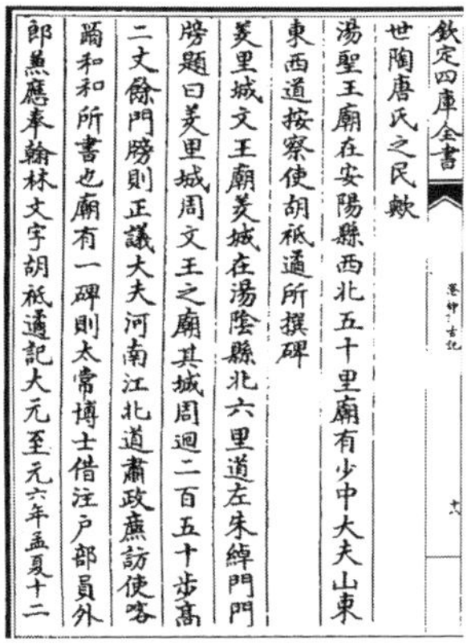
欽定四庫全書　河朔訪古記　卷中

世隋唐氏之民歟
湯聖王廟在安陽縣西北五十里廟有少中大夫山東
東西道按察使胡祇遹所撰碑
羑里城文王廟羑城在湯陰縣北六里道左朱緯門門
牓題曰羑里城周文王之廟其城周迴二百五十步高
二丈餘門牓則正議大夫河南江北道肅政廉訪使喀
踊和和所書也廟有一碑則太常博士借注戶部員外
郎兼應奉翰林文字胡祇遹記大元至元六年孟夏十二

文淵閣四庫全書本

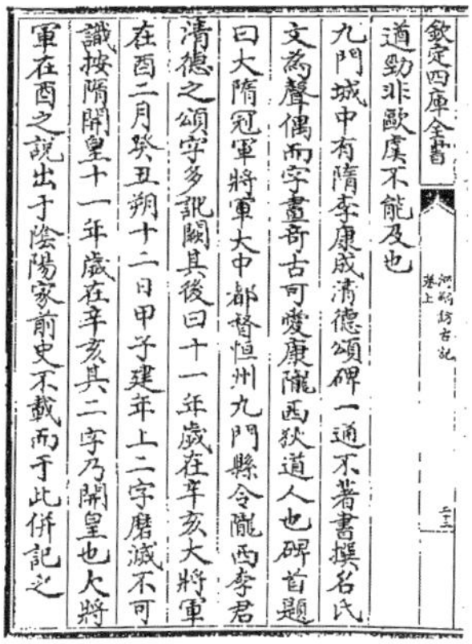
欽定四庫全書　河朔訪古記　卷上　二十二

道勁非歐虞不能及也
九門城中有隋李康成清德頌碑一通不著書撰名氏
文爲聲偶而字畫奇古可愛康隴西狄道人也碑首題
曰大隋冠軍將軍大中都督恒州九門縣令隴西李君
清德之頌字多訛闕其後曰十一年歲在辛亥大將軍
在酉二月癸丑朔十二日甲子建年上二字磨滅不可
識按隋開皇十一年歲在辛亥其二字乃開皇也大將
軍在酉之説出于陰陽家前史不載而于此併記之

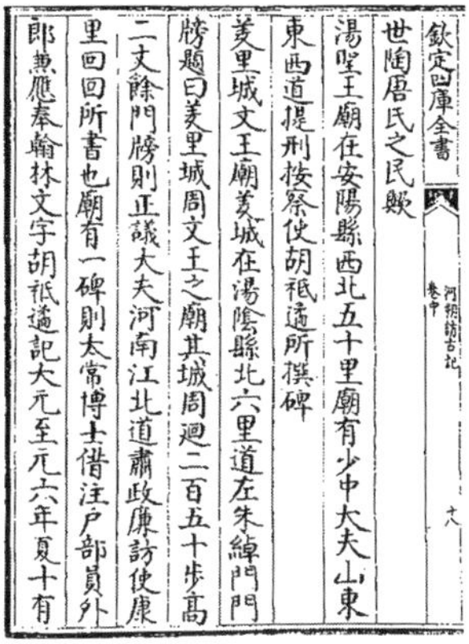
欽定四庫全書　河朔訪古記　卷中　十八

世隋唐氏之民歟
湯聖王廟在安陽縣西北五十里廟有少中大夫山東
東西道提刑按察使胡祇遹所撰碑
羑里城文王廟羑城在湯陰縣北六里道左朱緯門門
牓題曰羑里城周文王之廟其城周迴二百五十步高
二丈餘門牓則正議大夫河南江北道肅政廉訪使康
里回回所書也廟有一碑則太常博士借注戶部員外
郎兼應奉翰林文字胡祇遹記大元至元六年夏十有

圖二　文津閣本、文淵閣本河朔訪古記書葉比較圖之二

和下述各本不同，是受到了提要叙述中寫作二卷的影響。其實此本卷下的内容和三卷本的卷中、卷下是一樣的，所以此本内容與三卷本並無大的不同。

補鈔文瀾閣四庫全書本並無有關其版本來源的文字説明，僅能通過文本本身來判斷其版本來源。經與下述各本比較突出的特徵之處作比較，首先可以確定補鈔文瀾閣四庫全書本屬於文瀾閣四庫全書鈔本系統，此本與源出文瀾閣四庫全書本的真意堂叢書本、待學樓本、守山閣叢書本、粤雅堂叢書本一樣，卷上「九門故城」條條末「内翰元文敏公明善」以下均作小字注文處理，這一點完全區别於文津閣四庫全書本和文淵閣四庫全書本。再更進一步通過有特徵性的用字的比較，則可以發現補鈔文瀾閣四庫全書本和守山閣叢書本非常接近，特别是一些僅見於守山閣叢書本的用字。例如卷上「玉華宫」條「疏上不報」之「上」，祇有守山閣叢書本誤作「土」，而此本也作「土」；「一派簫韶起半空」之「起」，祇有守山閣叢書本誤作「超」，而此本也作「超」。卷上「隋九門令鉗耳府君碑」條「不載書撰名字碑首題云」之「字碑」，祇有守山閣叢書本誤倒爲「碑字」，而此本亦誤倒爲「碑字」。卷上「漢膠東侯賈復墓」條「昔浚治河發古塚」之「治」，祇有守山閣叢書本誤作「沿」，而此本也作「沿」。卷上「唐倪若水墓」條「藁城縣東南二十里」之「藁城」，祇有守山閣叢書本誤作「欒城」，而此本也作「欒城」。卷下「銅爵金鳳冰井三臺」條「村民掊土求之」之「掊」，祇有守山閣叢書本誤作「培」，而此本也作「培」。以上都是守山閣叢書本獨有的錯字之例，至於更多的談不上對錯的守山閣叢書本區別於同樣源出文瀾閣四庫全書本的真意堂叢書本、待學樓本的用字，則例子很多。例如卷上「九門故城」條，「子孫數十百人」、「無慮數十萬人」，補鈔文瀾閣本和守山閣叢書本均作「十」，而真意堂叢書本、待學樓本則作「千」。比較補鈔文瀾閣本與守山閣叢書本而發現的主要一處不同，見於卷中「銅爵金鳳冰井三臺」條，「與涼殿皆以閣道相通」之「涼殿」二字，守山閣叢書本爲墨丁，而補鈔文瀾閣本則作「法殿」，此誤與文津閣本、文淵閣本同。綜合考慮，可以認爲補鈔文瀾閣本出自守山閣叢書本。

四庫全書諸本鈔成之後的河朔訪古記刊本，則有六種：

（五）嘉慶十六年（一八一一年）璜川吴氏真意堂叢書（又稱真意堂三種）本。璜川吴氏康熙時定居蘇州，此後數代蓄書，頗有聲望。輯刻璜川吴氏經學叢書，更是名噪一時。刊刻真意堂叢書者爲吴志忠，字有堂，號妙道人。此本爲活字本。前有「欽定四庫全書提要」，末署「乾隆五十二年二月恭校上」。正文三卷，半葉九行行二十一字。每卷首題「河朔訪古記」及卷數，次行署「元納新撰」。卷下末頁則有「嘉慶十六年春三月璜川吴氏/校印」兩行字。版心下題「真意堂/叢書」。此本錯字較多，其中大多數是字形接近而導致的訛誤，比較容易識別，錯字基本上也不見於文津閣四庫全書本、文淵閣四庫全書本以及源出文瀾閣四庫全書本之守山閣叢書本，應是傳鈔和刊印過程中帶來的錯誤。不過吳氏能夠從四庫全書中選出河朔訪古記予以刊行，是有其眼光的。此本爲四庫全書系列鈔本之後的第一種刊本，也是河朔訪古記現存最早的刊本。

根據書前所載四庫提要，特别是提要所署上書時間，首先可以判斷此本出自南三閣四庫全書本。考慮到南三閣係同時鈔出，而三閣之中文匯、文宗二閣的書本情況幾乎完全不知，且當時江南藏書家、刊書家傳鈔、刊刻文瀾閣四庫全書本又最多，暫時估計真意堂叢書本出自文瀾閣四庫全書本。乾隆以來江南藏書家頗多關注文瀾閣四庫全書者，其中最爲知名的如常熟張氏愛日精廬、常熟瞿氏鐵琴銅劍樓都特意收入大量的文瀾閣四庫全書傳鈔本，張金吾愛日精廬藏書志、瞿鏞鐵琴銅劍樓藏書目録均保留了大量的信息，文瀾閣傳鈔本後來轉爲陸心源所藏並見載皕宋樓藏書志者更是比比皆是。還有不少江南藏書家兼刊書家從文瀾閣四庫全書本中鈔出稀見的古籍刊入所編叢書中，知名的如張金吾叔父張海鵬刊行之墨海金壺、桐鄉鮑廷博刊行之知不足齋叢書、金山錢熙祚刊行之守山閣叢書；更有大量的學者在校勘古籍時利用文瀾閣四庫全書傳鈔本，如烏程周中孚所著鄭堂讀書記便著録了大量的文瀾閣四庫全書傳鈔本以及源自文瀾閣四庫全書的墨海金壺、知不足齋叢書刊本，可見嘉道年間文瀾閣四庫全書廣泛傳播、促進學術之一斑（關於傳鈔文瀾閣四庫全書的一般狀況，可以參考程惠新、高明文瀾閣四庫全書傳鈔本考述，圖書館工作與研究二〇一三年第十期；顧志興文瀾閣四庫全書史，杭州出版社，二〇一八年，第一一五至一二五頁。關於愛日精廬傳鈔文瀾閣四庫全書的詳細情況，可以參考蔣鵬翔愛日精廬藏書志所載文瀾閣傳鈔本考述，中國四庫學第四輯，中華書局，二〇一九年）。而在「中國基本古籍庫」中全文檢索「文匯閣本」、「文宗閣本」或「鈔本」、「傳鈔本」等詞彙，卻一無所得。

此外還有三方面的旁證，或許也有助於説明真意堂叢書本出自文瀾閣四庫全書本。其一，守山閣叢書本跋云：「文瀾閣本河朔訪古記三卷，上卷常山郡部真定路，中卷魏郡部彰德路，下卷河南郡部河南府路，凡百三十一條。璜川吴氏活板字本竝同。」强調了璜川吴氏活板字本即真意堂叢書本與文瀾閣四庫全書本的共性。其二，真意堂叢書本還頗有一些特點與明確可知出於文瀾閣四庫全書本的守山閣叢書本一致，而與文津閣四庫全書本、文淵閣四庫全書本明顯不同之處，例如書前無劉仁本序、改動元代非漢人名譯名均無注文説明、卷上「九門故城」條「内翰元文敏公明善」以下作小字注文處理，等等（當然，這些方面也可能是南三閣四庫全書本的共性，衹是完全無從考察）。其三，真意堂叢書本除了一些明顯的錯字，還有不少與文津閣四庫全書本、文淵閣四庫全書本不同的異文，卻與守山閣叢書本一致。例如卷上「九門古城」條，文津閣本、文淵閣本「世罕能及」之「能及」，真意堂叢書本、守山閣叢書本作「及之者」，這是均可通的類型；文津閣本、文淵閣本「或曰活千人者」之「千」，真意堂叢書本、守山閣叢書本作「一」，這是文津閣本、文淵閣本錯誤而真意堂叢書本、守山閣叢書本正確的類型。又如卷中「銅爵金鳳冰井三臺」條，文津閣本、文淵閣本「兩棟相距二百餘尺」之「百」，真意堂叢書本、守山閣叢書本作「十」，這是文津閣本、文淵閣本正確而真意堂叢書本、守山閣叢書本錯誤的類型。

（六）道光十七年（一八三七年）六安晁氏待學樓刊本。晁氏名貽端，字星門，號石方。晁貽端爲知名的出版家，輯刻晁氏叢書，以木活字刊印清初知名叢書學海類編。此本書名葉題「河朔訪古記三卷/道光十有七年」。前有許畹重刊河朔訪古記叙。正文三卷，半葉九行行二十一字。每卷首行題「河朔訪古記」及卷數，下署「元納新撰 六安晁貽端校刊」。版心下側題「待學樓」。此本參酌翁本即翁方綱輯本和吴本即真意堂叢書本，並參校水經注、太平寰宇記、集古録、金石録、隸釋、金史、元史等多種傳世文獻而成。從具體的用字，可以推測此本實以吴本爲底本，凡改正吴本的錯字均出注説明，同時翁本有不同之處也出注説明。晁貽端作了大量的校勘工作，寫有大量的校勘記，改正了真意堂叢書本不少錯字，是一種很值得參考的版本。許畹序中還補充了七條校勘及史實方面的意見，也有參考價值。

待學樓本在注中保留了不少翁本的文字特徵，多達一百七十處，加上所稱「本皆作」某字的亦應包括翁本在內，則要更多一些，是我們今天了解翁本的唯一參考。待學樓本甚至也説明了翁本用字的錯誤脱漏情況，也許可以據此基本上復原翁本的舊貌。從晁貽端注明的翁本的用字情況來看，文淵閣四庫全書本與翁本非常接近，前文已經加以説明。關於翁本，許畹重刊河朔訪古記叙云：「星門昔游京師，得翁學士方綱寫本，前有鄒侍講奕孝擬撰提要，末題乾隆三十九年某月校，蓋初輯擬進之本也。」顯示了翁本就是四庫全書諸鈔本的源頭，也明確了翁方綱就是從永樂大典中輯出河朔訪古記之人，而鄒奕孝則是四庫提要的撰者。翁本爲初輯之本，從其中元代非漢人名均未加改動，也可以看出。如卷中「羑里城文王廟」條之「康里」、「夔夔」，卷中「劉神川先生墓」條之「粘合」，卷下「白馬寺」條之「八思巴」、「紇巴」、「達失蠻」，等等。而文津閣本、文淵閣本改動譯名之後的所謂「舊作」某某，正是針對翁本而言。

待學樓本也偶或有判斷失誤或者改錯的地方，例如卷上「中山府城中」條之「中」，真意堂叢書本作「古」，翁本作「中」，待學樓本認爲作「中」爲誤，其實「城中」是河朔訪古記記録地點時的習用語，作「中」更佳。又如卷中「緱山書院」條「辟爲詳議官」之「詳」，真意堂叢書本作「詳」，待學樓本改作「諫」，誤。按元代職官有「詳議官」而無「諫議官」。金末元初之詳議官，元史中所載實例有世祖中統二年王鏞以東平府詳議官兼充禮樂提舉、約太宗時東平行臺嚴實用宋子貞爲詳議官、定宗元年孟攀鱗爲陝西帥府詳議官、中統元年左丞姚樞宣撫東平辟王惲爲詳議官、中統初王利用出爲山東經略司詳議官（卷四世祖紀一、卷一五九宋子貞傳、卷一六四孟攀鱗傳、卷一六七王惲傳、卷一七〇王利用傳，中華書局校點本，第七四、三七三五、三八六〇、三九三二、三九九三頁）。

（七）道光二十一年（一八四一年）金山錢氏守山閣叢書本。錢氏名熙祚，字錫之，江蘇金山（今屬上海）人。錢熙祚好藏書，亦好刻書，所刻守山閣叢書尤其知名。此本書名葉題「河朔訪古記」。前有「欽定四庫全書提要」，但未署上書時間。末有辛丑（道光二十一年）錢熙祚跋。正文三卷，半葉十一行，行二十三字。每卷首行題「河朔訪古記」及卷數，下爲「守山閣叢書　史部」，次行署「元納新撰　金山錢熙祚錫之校」。守山閣叢書所收書有相當一部分據文瀾閣四庫全書本重刊，而河朔訪古記跋中開篇即提及「文瀾閣本河朔訪古記三卷」，此本當從文瀾閣四庫全書而來。跋中所云文瀾閣四庫全書本有三卷，而前附「欽定四庫全書提要」卻云二卷，同於四庫全書總目（現在可知文溯閣四庫全書本書前提要作二卷，文津閣、文淵閣四庫全書本書前提要作三卷）。比較守山閣叢書本和真意堂叢書本以及主要根據真意堂叢書本的待學樓本，會發現不少異文，守山閣叢書本的此類異文又有相當數量是和文津閣四庫全書本、文淵閣四庫全書本一致的，因此可以推測守山閣叢書本相當忠實於文瀾閣四庫全書本。而文瀾閣四庫全書本原本已失，因此守山閣叢書本又成爲了解文瀾閣四庫全書本的重要參考。守山閣叢書本也做了一些校勘的工作，此本夾注中新增四條按語，分別是卷上「真定路」條、「十萬壘」條、卷中「鄴宫」條、「扁鵲廟碑」條，涉及文字校勘。新增按語前加「○」，以和原有的夾注區別。不過守山閣叢書本多出幾處墨丁、空白，也許是抄録文瀾閣四庫全書本過程中的錯誤；另外還有一些零星的錯字，則是刊刻時新增的。

錢熙祚跋中還提到一個使他頗爲疑惑的問題，即文瀾閣四庫全書本、真意堂叢書本均衹有一百三十一條，比四庫提要中所云的一百三十四條要少。其實這是因爲文瀾閣四庫全書本、真意堂叢書本（此兩本每行字數一致）卷上「封龍山」條、「雪浪石」條、「漢藁長蔡湛碑」條三條均足行（跋中接着説到「璜川吴氏活板字本竝同」，當即指此。有趣的是，查文津閣四庫全書本、文淵閣四庫全書本則共有四條足行，除了上述三條，還有卷中「晉嵇侍中廟墓」條），和下一條連在一起，被誤認爲是一條，於是全書從一百三十四條減少爲一百三十一條。巧合的是，刊成後的守山閣叢書本雖然行款不同於文瀾閣四庫全書本，但是將卷上「漢藁長蔡湛碑」條和「隋九門令鉗耳府君碑」條連刻到一起變成了一條，再加上守山閣叢書本卷中「銅爵金鳳冰井三臺」條和卷下「魏明帝高平陵」條都是足行的，看起來很容易和下一條看作是一條，從而全書也有可能被誤認爲是一百三十一條。

（八）光緒元年（一八七五年）南海伍氏粵雅堂叢書本。伍氏爲廣東南海（今廣州）人，係十三行行商，家資豐厚，又富藏書。伍崇曜、伍紹棠父子輯刊粵雅堂叢書，爲晚清最知名的私家叢書之一。此本書名葉題「河朔訪古記」。正文三卷，半葉九行，行二十一字。每卷首行題「河朔訪古記」及卷數，次行署「元納新撰」，每卷最末書名下署「譚瑩玉生覆校」。版心下題「粵雅堂叢書」。書後有伍紹棠跋。伍紹棠跋稱：「近得番禺沈氏鈔本，正其謬誤凡二十餘字。嗣得小峨山館藏本，視沈本互有得失。乃取二書覆勘，始授梓人。」可知此本的來源，不過並不清楚番禺沈氏鈔本、小峨山館藏本二本從何而來。從此本用字特點看，與真意堂叢書本十分接近。真意堂叢書本的有些錯字，並不見於同樣源出於文瀾閣四庫全書本之守山閣叢書本，而見於粵雅堂叢書本，例如卷中「鄴都南城」條之「一年」爲「二年」之誤，卷中「華林苑」條之「乃從張群」之「從」爲「促」之誤，據此似乎可以估計番禺沈氏鈔本、小峨山館藏本二本也主要出自真意堂叢書本。粵雅堂叢書本最大的價值是改正了各本均誤的一些史實性的誤字，如卷上「王武俊碑」條各本均作「貞觀五年立」，按貞觀五年王武俊尚未出生，而此本作「貞元」，可取。當然，此類改正之處並不多。此外，伍紹棠跋還補充討論了卷下「安陽橋」條「洹氏」爲「泫氏」之訛，謂洹水至林慮再出係誤讀水經注，也有參考價值。前一條校勘意見，待學樓本已經指出，看來粵雅堂叢書本並未參考待學樓本。

（九）光緒二十一年（一八九五年）福建增刊武英殿聚珍版叢書本。乾隆三十八年（一七七三年）開始，將一批從永樂大典輯出的珍本以活字印刷，時稱「武英殿聚珍版書」。乾隆欽定武英殿聚珍版書目收書一百二十九種，至嘉慶八年（一八〇三年）陸續刊印一百三十八種。其中未收河朔訪古記（二〇一二年故宫出版社欽定武英殿聚珍版叢書收書一百三十八種，係主要據故宫博物院藏内府活字本影印，故不包括河朔訪古記）。内府刊印之活字本稱「内聚珍」，流傳不廣，很快便允許地方翻刻，稱「武英殿聚珍版叢書」，俗稱「外聚珍」。翻刻本中以乾隆四十二年（一七七七年）福建刊道光同治遞修光緒二十一年（一八九五年）增刊本收書最多，共刻一百三十八種外加十一種合計一百四十九種，光緒二十一年（一八九五年）增刊本中包括河朔訪古記。查上海圖書館藏本（綫普長 328521—29521），簽條作「武英殿聚珍版書」，書名頁題「河朔訪古記」，書名葉背面有「光緒乙未增刻」牌記。正文三卷，半葉九行行二十一字。每卷首行題「河朔訪古記」及卷數，次行署「元納新撰」。前有「欽定四庫全書總目」中的提要，末署上書時間；次有劉仁本序，序末有光緒丁酉（二十三年）傅以禮附言一段，言及守山閣、粤雅堂兩本無此序，丁丙從羽庭集中採録補刊。卷下有兩張第十四葉，前一張第十四葉開頭爲正文最末兩行，末行爲「河朔訪古記卷下」一行字；後一張第十四葉則在正文兩行之後緊接光緒乙未（二十一年）孫星華跋，最末則爲一空行，顯示出後補孫星華跋的痕迹。關於此本的刊刻的緣起和版本來源，孫星華跋中已明言：「仁和朱修伯宗丞舊藏聚珍原印諸書，其所編書目載有是編，亦稱二卷。惜朱氏藏書悉已易姓，未由獲覩。閩刻聚珍本則夙未有此，兹據朱目補刻，以彌閩本之缺。而訪求二卷本，未之能得，姑據錢氏叢書本。墨板間有訛錯，别取粤東伍氏粤雅堂本互爲參校焉。」乃是因爲朱學勤（字修伯）所藏「内聚珍」之目録中有河朔訪古記，而福建刊本武英殿聚珍版叢書無此書，因此補刻。而補刻時朱學勤所藏已不可得，其他所謂「二卷本」即四庫全書總目所載提要所云者亦不可得，於是據守山閣叢書本重刊，同時參校粤雅堂叢書本。不過實際上也有據粤雅堂叢書本改錯的。如卷上「吉日癸巳石刻」條之「馬蹬山」，守山閣叢書本作「蹬」與「鐙」，此本據粤雅堂叢書本均作「鐙」，本不需要改爲「鐙」；卷上「柏鄉尉蘭君碑」條之「張瓌」，守山閣叢書本作「瓌」，此本據粤雅堂叢書本作「環」，則誤。

（十）光緒二十五年（一八九九年）廣雅書局刊武英殿聚珍版全書本。廣雅書局本據福建本翻刻，稱武英殿聚珍版全書，共一百四十九種附二種，亦包括河朔訪古記。此本書名頁題「河朔訪古記」。前有「欽定四庫全書總目」中的提要，末署上書時間。正文三卷，半葉九行，行二十一字。卷下之末第十四葉有光緒乙未（二十一年）孫星華跋，後一行即末行爲「河朔訪古記卷下」一行字。二〇一八年齊魯書社武英殿聚珍版全書係主要據首都圖書館藏清光緒二十五年（一八九九年）廣雅書局刊本影印，故收入河朔訪古記（上述兩種版本河朔訪古記在現代書目著作中的著録情況，可以參見中國古籍總目叢書部，第一册，中華書局、上海古籍出版社，二〇〇九年，第三七一頁。按：此書著録福建刊武英殿聚珍版叢書本，稱爲光緒二十年）。

待學樓本道光十七年（一八三七年）許畹重刊河朔訪古記叙稱「惟此書聚珍板排印無多，人間難得」，武英殿聚珍版叢書本光緒二十一年（一八九五年）孫星華跋稱「仁和朱修伯宗丞舊藏聚珍原印諸書，其所編書目載有是編」，好像乾隆時期輯刊「武英殿聚珍版書」中就有河朔訪古記，其實二人都未親見，均是傳聞之辭而已。

根據部分版本序跋的描述和本次整理中通校的多數版本所得的認識，可以將上述諸版本的關係以圖三表示：

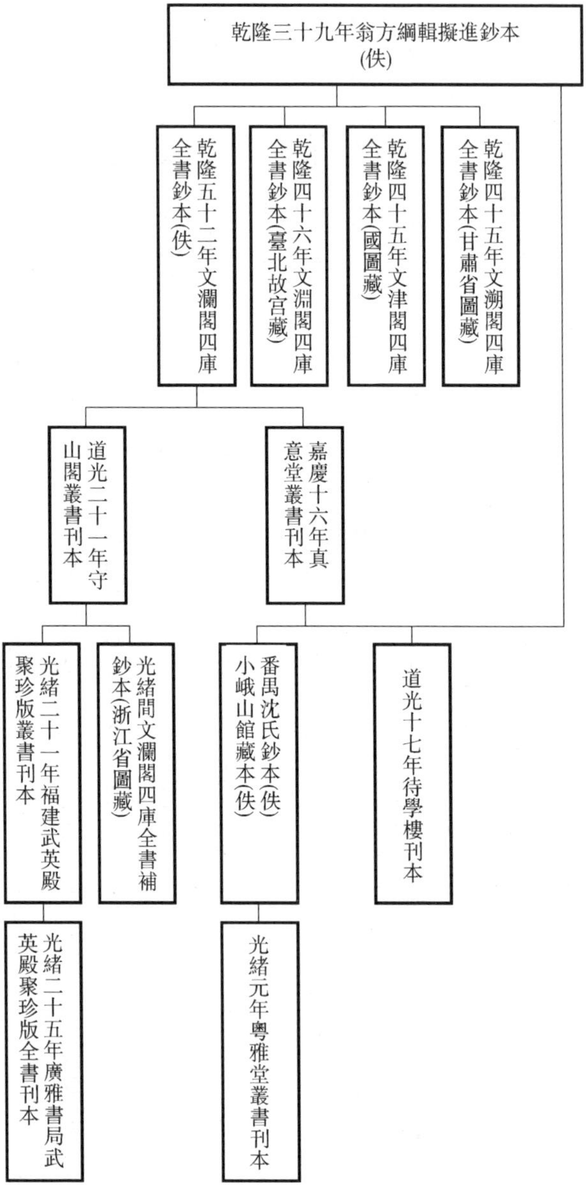
乾隆三十九年翁方綱輯擬進鈔本(佚)
乾隆四十五年文溯閣四庫全書鈔本(甘肅省圖藏)
乾隆四十五年文津閣四庫全書鈔本(國圖藏)
乾隆四十六年文淵閣四庫全書鈔本(臺北故宮藏)
乾隆五十二年文瀾閣四庫全書鈔本(佚)
嘉慶十六年真意堂叢書刊本
道光二十一年守山閣叢書刊本
道光十七年待學樓刊本
番禺沈氏鈔本(佚)小峨山館藏本(佚)
光緒間文瀾閣四庫全書補鈔本(浙江省圖藏)
光緒二十一年福建武英殿聚珍版叢書刊本
光緒元年粤雅堂叢書刊本
光緒二十五年廣雅書局武英殿聚珍版全書刊本

圖三　河朔訪古記諸版本關係示意圖

其中還特別需要强調説明的有兩點：其一，守山閣叢書本和真意堂叢書本都出自文瀾閣四庫全書本，但是比較守山閣叢書本和真意堂叢書本的文字可見頗多不同之處，除去真意堂叢書本大量簡單的文字訛誤，不同之處往往有一個特點，即守山閣叢書本同於文淵閣四庫全書本，考慮到文淵閣四庫全書本和文瀾閣四庫全書本的密切關係，可知守山閣叢書本忠實於文瀾閣四庫全書本，而真意堂叢書本不太忠實於文瀾閣四庫全書本。其二，待學樓本雖説是參考真意堂叢書本和翁方綱輯本兩種版本而來，但是此本實以真意堂叢書本爲底本，於是真意堂叢書本不忠實於文瀾閣四庫全書本之處在此本中也多有反映，因此可以認爲待學樓本雖然校勘成績頗高，但並非是河朔訪古記整理底本的良選。

有關河朔訪古記舊本，中國古籍總目所列包括河朔訪古記主要的鈔本和刊本，略可補充的是蕭山王氏萬卷樓鈔本，衹是不知此本是否尚存，但是傅增湘據此本進行校勘的廣雅書局刊武英殿聚珍版書本今存國家圖書館，由此可以推測王氏萬卷樓鈔本的面貌。國家圖書館藏傅增湘校廣雅書局刊武英殿聚珍版書本，北京圖書館古籍善本書目著録（北京圖書館編北京圖書館古籍善本書目史部，書目文獻出版社，無出版年份，第八〇五頁）。而根據傅增湘就王氏萬卷樓鈔本所作跋文也可以推測此本的一些情況（傅增湘撰、傅熹年整理藏園羣書題記卷四史部三，上海古籍出版社，二〇二二年，第二七四至二七五頁）。蕭山王氏萬卷樓鈔本，半葉十一行行二十字，前附四庫提要，與今本不同，尚未考證撰人，爲提要初稿，而後附陳徵芝跋語則據劉仁本羽庭集中本書序確定爲迺賢所撰。傅氏以王氏萬卷樓鈔本校廣雅書局刊武英殿聚珍版書本，「上卷改訂一百七字，中卷改訂一百三十六字，下卷改訂三十五字，凡約二百七十八字」，故而以爲「鈔本之叙次詳贍，勝於刊本，彰彰甚明矣」，今國圖所藏者應保留了傅氏的校勘成果。跋文提供的卷上「九門故城」條一處比較突出的王氏萬卷樓鈔本具體的文字特徵，則可以大致判斷此本與文津閣本、文淵閣本以及待學樓本比較接近，上述諸本都出自乾隆三十九年翁方綱輯擬進鈔本，因此估計王氏萬卷樓鈔本也出自翁方綱輯擬進鈔本。

河朔訪古記的現代整理本則主要有：

（十一）一九九一年中華書局叢書集成初編本。民國二十四年（一九三五年）開始商務印書館選定百部叢書出版叢書集成初編，後因抗日戰爭爆發，出版中斷，部分書未能出版。河朔訪古記即是未能出版者。一九八二年中華書局重印已經出版者，並在此後補出未能出版者。至一九九一年，叢書集成初編本河朔訪古記方得出版。此本據守山閣叢書本排印、斷句。

（十二）二〇〇八年上海古籍出版社回族文獻叢刊本。此本由馬錦丹整理，係據四庫全書本排印、標點。未説明是何種四庫全書鈔本，但核對部分文字之後，可以確定爲景印文淵閣四庫全書本。

（十三）二〇一二年河南大學出版社迺賢集校注本。此本由葉愛欣校注，以四庫全書本爲底本，以待學樓本爲校本。雖未説明是何種四庫全書鈔本，但核對部分文字之後，也可以確定爲景印文淵閣四庫全書本。其校勘記中吸收了待學樓本的一些校勘成果，包括抄録了部分校記。

四、河朔訪古記輯本所見此書之内容

河朔訪古記輯本分爲三卷（唯一的例外是光緒年間補抄文瀾閣四庫全書本，受到了提要中寫作「二卷」的影響，不過衹是相當於把三卷本中的中、下兩卷合併爲下卷而已），分别是卷上「常山郡部」、卷中「魏郡部」、卷下「河南郡部」，其地域範圍，則分别對應元代的真定路、彰德路、河南府路。卷上首條開篇作「常山郡部真定路」，卷中首條開篇作「魏郡部彰德路」，卷下首條開篇作「河南郡部河南府路」，似乎「常山郡部」、「魏郡部」、「河南郡部」都應該提出作爲卷名來看待。然而現存諸本又多已另設卷名，分别是「常山郡部」、「魏郡部」、「河南郡部」，可能這些卷名就是輯本所加。以郡名稱，似乎是受到宋朝的影響。宋朝地方府州頗多對應郡名，據元豐九域志所載，則有「真定府，常山郡」，「河南府，河南郡」等（王存元豐九域志卷二河北路東路、卷一四京西京，王文楚、魏嵩山點校，中華書局，一九八四年，第七六、四頁）。

正如分卷所示，輯本記載真定路、彰德路、河南府路三路，但是實際上還有四條溢出以上三路之外。其一，卷上「巏嵍山」條載：「在柏鄉縣南，乃土山也。今屬順德路唐山縣境，唐山即古柏人也。」明確説到此山位於順德路（在真定路之南）。其二，卷中「磁州」條。其三，卷中「滏陽縣」條，滏陽縣爲廣平路下磁州所領。其四，卷中「曹操疑塚」條，亦屬滏陽縣。輯本在「滏陽縣」條之末加注云：「按：磁州滏陽縣，惟金以之隸彰德，元本屬廣平路。蓋是書爲記遊覽古而作，路經滏陽，歷記所見，實未遍歷洺邢也，故附見於彰德路云。」據上述四條可知，輯本所載，除了真定路、彰德路、河南府路三路，還涉及順德路、廣平路二路。

就輯本看，河朔訪古記所記重點有地名沿革、山川形勢、文物古迹三個方面，三個方面的描述又往往與地方歷史、地方人物關係密切，尤以文物古迹的記載最爲主要、最有價值。迺賢關注到城郭、宫殿、園囿、高臺、衙署、祠廟、寺觀、居宅、陵墓、橋梁等多種類型的古迹，上起先秦，下迄元朝，内容豐富多彩。

其中關於歷代碑刻的記録，數量可觀，並頗多有價值的信息，在中國金石學史上有其一席之地。河朔訪古記在金石學史上的特點與成就，大致可以歸納爲如下四點：第一，河朔訪古記是元代金石學發展中結合實地考察的代表。書中對於碑刻的地點、尺寸、雕刻、書體、撰文書丹者題名等基本信息均有所描述，很好地展示了碑刻的現狀。第二，對於部分碑刻，河朔訪古記節録了碑文，保存了史料。就輯本統計，就已多達二十種，有一些如卷下「白馬寺」條所録大元重修釋源大白馬寺賜田功德之碑等篇幅還相當可觀，並且原碑已經佚失，碑文也不見於其他歷史文獻，尤爲可貴。第三，關於碑刻的描述，還多處參考了集古録、類要等歷史文獻，豐富了相關的學術史，也特別指出這些碑刻在元代的狀況與歷史文獻記載中的不同。第四，除了漢唐名碑，河朔訪古記對宋、金、元時期的碑刻也頗爲注意，並著意抄録了碑刻的部分文字，反映了不少歷史人物的情況，内容豐富的如元代的真定史氏、藁城董氏，彌足珍貴。當然，關注「近代」碑刻也是早在宋代集古録、金石録就已有的優良傳統。

河朔訪古記輯本刊出後，因其中對於碑刻的詳細記録往往都是出於實地的考察，很快便受到清代後期金石學家的普遍關注，金石萃編、安陽縣金石録、平津讀碑記、陶齋藏石記、語石等多種知名金石著作均有引用。清代是金石學高度發達的時期，這種現象，可以視作河朔訪古記在金石學史上價值體現的一個證明。

從輯本還可以看出，迺賢對元朝的歷史也相當熟悉，對當時的社會狀況也頗爲關注。迺賢以當朝人言當朝事，加之其人的歷史認識水準，此類記録自然也有其獨到的價值。例如卷上「真定路南門」條記其繁榮的狀況並分析其原因：「左右挾二瓦市，優肆、倡門、酒爐、茶竈、豪商、大賈並集于此，大抵真定極爲繁麗者。蓋國朝與宋約同滅金，蔡城既破，遂以土地歸宋，人民則國朝盡遷于北，故汴梁、鄭州之人多居真定，於是有故都之遺風焉。」又如卷下「漢劉寬墓」條不經意間的一段感慨之詞：「今之譜學亡矣，雖名臣巨族，未有家譜。然而俗習苟簡廢失者，豈止家譜而已哉！」都是富於啓發，值得致力於元朝歷史研究者關注的。

輯本也保存了一些關於迺賢個人的信息，非常可貴。例如卷上「甄世良墓碑」條云：「蓋君之在四明也，與先君子最厚善，每過余家，喜余誦讀，語人曰：『此子可教也。』今余自海上歸南陽，將上京師，道出鎮陽，竊幸拜君之墓。嗚呼！二十年之間，見君之窮達生死，而余栖遲草萊，年益邁而學益荒，負君知人之鑑矣。」當然，有關迺賢個人的信息，多數是和河朔訪古記反映的他的考察經歷聯繫在一起的。

以下則比較具體地通過輯本來討論一下與河朔訪古記的寫作相關的兩個問題。

首先，輯本提供了不少迺賢當時進行實地考察的綫索（也屬於迺賢的個人信息），共有十二條，分别如下：

十二月，夜宿鎮上蘇氏逆旅，是夜大雪。（卷上「陘邑縣新城」條）

十二月早，渡滹沱河，抵陽和門外，日卓午矣，飯于旅舍，遂至南關，下馬讀其碑而去。（卷上「史丞相遺愛碑」條）

十二月□□早，自新樂縣起，午前至馮樂陵，午飯遂至荒陵，眺望而去。午後，雪復大作。（卷上「馮樂陵」條）

十二月蚤，謁拜墓下。（卷上「褚先生墓」條）

十二月大雪，留新城不得發。至暮稍晴，遂同李亨散步至墓上，讀虞公所撰碑。過墳庵，又讀費著、周伯琦等燕南考試回題壁。守墓者邀余二人啜茶，且言昔耕墓旁，得古碑之蓋一段，其制若今擣練方石，字皆漫滅不可讀，蘇公定爲碑蓋也。（卷中「蘇君墓」條）

十二月蚤，出彰德北門，至蔡村，西行三十里，陋處作土橋以渡。時漳水退縮，層冰峩峩，逐流東下。土人云：「春夏水漲，至與岸平，闊可數里，號『小黄河』。」又曰：「水

傍多石子，俗傳可以煖腹。又有紋石，濱河之民取以爲器貨之。」（卷中「漳河」條）

十二月，余過鄴鎮，登三臺眺望，見其殘丘斷隴。而問諸山僧野老，猶能於荒煙野草中，指故都西陵之遺迹，相與悲慨。（卷中「銅爵金鳳冰井三臺」條。此下又詳述鄴城古瓦研稱「銅爵臺瓦」、磚研稱「冰井臺磚」問題，涉及古物收藏，特别是其真僞問題）

十二月，至祠下拜謁，讀碑而退。（卷中「西門豹祠」條）

十二月，予偕下邳人李亨，至祠下謁拜，讀庭下二碑，及讀詩扁而退。（卷中「韓琦廟」條）

十二月，予登銅爵臺，西望荒丘煙樹，永寧寺僧指示余曰：「此曹公之西陵也。」（卷中「魏武高陵」條）

十二月，予按轡其間，自午抵暮，縱横出入塚中，不知所嚮。（卷中「曹操疑塚」條）

十二月早，至湯陰南門，拜謁廟墓，讀碑而去。（卷中「晉嵇侍中廟墓」條）

以上的記録保存了廼賢在真定路、彰德路兩地實地考察中的不少珍貴細節。例如考察的古迹好多都是荒蕪之地；讀碑是古迹考察中的重點；到了名公祠廟墳塚，都要拜謁；還常常採訪當地人士，李亨則是同行者。上引十二條都紀月，也就是王褘序中所謂

「其北游歲月，具見篇中」者。而這十二條記録都寫明了時間是十二月，顯然是同一次考察的記録。其中記真定路考察有三處稱「十二月早（蚤）」，記彰德路有一處稱「十二月早」，可見迺賢是在很短的一段時間之内考察了真定路、彰德路兩地。需要考證的則是哪一年的十二月。葉愛欣據迺賢三峰山歌小序「至正五年嘉平第二日，予自郟城將上京師」之語，確定爲至正五年（一三四五年）（葉愛欣校注迺賢集校注，「前言」，河南大學出版社，二〇一二年，第二二頁）。

其次，輯本除了有關實地考察情況的記録，也顯示了作者廣泛進行文獻考察的情況。按照輯本的次序，出現引用的文獻先後有：星文圖、水經注、史記、趙記（元代此書當佚，應從他書轉引）、十三州志（元代此書當佚，應從他書轉引）、左氏傳/春秋左氏傳、北史、類要（宋晏殊撰）、蘭亭博議（宋桑世昌撰）、四體書勢（晉衛恒撰，當出晉書衛恒傳）、穆天子傳、（太平）寰宇記、禹貢、水經（當即水經注）、西漢書（即漢書）、鄴中記（元代此書當佚，應從他書轉引）、魏略（元代此書當佚，從三國志裴注轉引）、范蔚宗漢書（即後漢書）、晉書、松雪齋文集、周禮、史記音義（元代此書當佚）、帝王世紀（元代此書當佚，應從他書轉引）。此外，還大量引用歐陽修、薩都剌、許敬宗、王安石、韓琦、李廌等唐宋以來著名人物的詩文。當然，輯本所見大多數的文字均應有其文獻上的來源，衹是作者並未全部注明其引用的文獻。數量較大的當屬各種歷史人物、事件的記載引用了多種正史，而地名沿革的系統記載則很有可能參考了大元大一統志。大元大一統志雖然全書已佚，但據殘卷可知有關沿革的記録非常詳實。大元大一統志還有關於山川、古迹的詳細記録，河朔訪古記也有可能參考。大元大一統志引書頗多，河朔訪古記所引部分文獻也有可能從大元大一統志而來。此外，河朔訪古記卷下「洛陽金石刻」條則出自南宋鄭樵通志金石略。通志金石略按照時代載録金石信息，其中唐代又分爲上中下三部分，「唐中」部分「啓母碑」下注「楊炯文。以下並出西京」，以下至「徐武臣碑」共九十種碑刻（通志卷七十三金石略，中華書局，一九八七年，第八四五至八四六頁。按：北宋的「西京」指洛陽，唐代洛陽則又稱作「東京」）。河朔訪古記卷下「洛陽金石刻」條與之大抵相仿，共八十條，主要略去了最後的八條；前面還有「諫議大夫王府君碑」之後的「諫議大夫萬州刺史明公碑」略去，當是名稱中都有「諫議大夫」四字的緣故，「後魏大將軍泉府君碑」之後的「懷素草書三帖」略去，或是關於懷素草書帖的緣故。並且碑刻條目順序也是相同的，而不少條目的名稱又有所簡化，部分碑刻年代也略去了（於是也可以用通志金石略來勘正河朔訪古記卷下「洛陽金石刻」條的錯誤）。總之，全書實際使用的文獻要比在書中直接顯示出來的情況豐富得多。當然，相當數量、多種類型的文獻的引用，可能主要並非在旅程之中，而應出自廼賢到達大都之後的數年間。文獻的利用，對於廼賢而言還有另一重作用，即可以彌補遺迹不存的重要文物古迹的信息。例如卷上「定武蘭亭石刻」條便是石刻曾經保存在中山府而廼賢考察時早已不在的，此條雖以「定武蘭亭石刻」標題，但内容完全來自文獻。這相當於通過文獻完善了地方文物古迹的信息。

可見河朔訪古記的寫成，基於廼賢在實地和文獻兩方面的考察。

五、整理説明

本次整理，以乾隆四十六年（一七八一年）文淵閣四庫全書本爲底本，主要考慮到此本時代較早、文字比較準確、較多地保留初輯本（即翁方綱本）的面貌，且影印本現在最爲通行易得。以乾隆四十五年（一七八〇年）文津閣四庫全書本（簡稱文津閣本）、嘉慶十六年（一八一一年）璜川吴氏真意堂叢書本（簡稱真意堂叢書本）、道光十七年（一八三七年）六安晁氏待學樓刊本（簡稱待學樓本）、道光二十一年（一八四一年）金山錢氏守山閣叢書本（簡稱守山閣叢書本）、光緒元年（一八七五年）南海伍氏粤雅堂叢書本（簡稱粤雅堂叢書本）爲參校本。以上五種參校本進行了通校。

有一種情況需要專門説明，文淵閣本書前之四庫提要和劉仁本序，本次整理均作附録處理，故而不再置於書前。

待學樓本注文中大量的校勘成果，不但反映了當時的校勘成績，也間接反映了初輯本翁方綱本的情況，因此本次整理將待學樓本的注文全部收録校勘記中。待學樓本的注文中也有少數幾條是相關史實的討論而非文字的校勘，也一併收録。因爲待學樓本大量的校勘按語是針對真意堂叢書本的文字錯誤的，所以本次校勘通校真意堂叢書本時將其與景印文淵閣四庫全書本的不同之處也均在校勘記中予以説明，以使待學樓本的校勘按語更有針對性。雖然會造成一些重複，但是便於將待學樓本也未説明的真意堂叢書本與底本的不同之處完整地在校勘記中説明。相應地，其他通校版本中有一些並不見於底本的錯誤之處，也同樣在校勘記中説明。當然這對於勘正底本的錯誤是不太相關的，但是對於考察各種版本之間的關係卻是十分必要的。好在此類錯誤的數量並不多，占用的篇幅也不算大。

現有傳本均爲清代的本子，不免有改字。其一是避諱字，數量較大，如「玄」改爲「元」、「曆」改爲「歷」之類在專名中往往不容易判斷或容易混淆的，均在校勘記中説明，至於「寧」改爲「寗」、「甯」之類不易混淆的則不在校勘記中説明，缺筆類避諱字如「炫」、「泫」、「弘」等一般也直接回改；其二是元代的非漢語名詞，數量不多，並且文淵閣本大都有改動的説明，可以知道原作何詞，亦予回改。

本次標點，考慮到河朔訪古記使用了大量的地名、人名以及其他的歷史名詞，盡量都標點成較短的句子。標點過程中，對此前的幾種句讀本和標點本，間或也有所參考。

本次整理河朔訪古記，還給正文每一條目編製了流水號，並新編了目録。目録中的條目名，係截取條目的核心詞彙構成。目録中的條目名亦編號，如此和正文條目的編號正可以對應。原書不少條目首先出現的詞彙就相當於條目名，應是作者寫作時有意爲之，這爲編製目録提供了方便。

此外，還編製了附録，彙編了與河朔訪古記相關的歷史文獻，分爲「元代序跋詩文五種」、「明代著録書目文獻四種」、「清代民國提要序跋八種」三篇。

根據此書的内容特點和學術價值，還設計了一種索引和兩種表格，分别爲「宋金元人名索引」、「條目分地一覽表」、「碑刻概況一覽表」。河朔訪古記有關宋金以來，特别是元代歷史、人物的記載頗爲豐富，也具有較高的史料價值，因此以人物爲核心編製「宋金元人名索引」。總體而言，河朔訪古記輯本處理各個條目較有條理，首先按照元代當時行政區劃的不同分爲真定路（包括屬於順德路一條）、彰德路（包括屬於廣平路兩條）、河南府路三卷，其次每一部分以地名沿革類條目居前而以其他内容條目居後。但是具體到一卷之内，則同一地（路城即録事司、府、州、縣）的不同古迹等條目往往前後分散。因此，以元史地理志所載行政區劃爲綱，列出與各區劃對應的條目情況，形成「條目分地一覽表」，以便了解河朔訪古記記載偏重的地方情況以及廼賢古迹考察的主要地方的情況，一定程度也可以勾勒廼賢當時在這幾路的行程。河朔訪古記關於歷代碑刻的記載，最受後世學者重視，因此又按時代先後編製「碑刻概況一覽表」，以作全面展示。兩種表格分别按照歷史要素中的「地」與「時」排列，也具有一定的索引功能。

張平鳳　楊曉春

二〇二三年元月廿八日初稿，二〇二四年三月一日改定

卷上　常山郡部

1常山郡部真定路。禹貢冀州之域。春秋鮮虞之地，晉滅之。戰國屬趙。秦爲鉅鹿郡地。漢初置恒山郡，避文帝名，改常山郡，屬真定國。〔一〕晉仍爲常山郡。魏因之，徙今治。後周立恒州。隋復爲恒山郡。唐初曰恒州，天寶改常山郡，又改平山郡，尋復常山，元和避穆宗諱，改鎮州，升成德軍。五代梁曰武順軍，晉曰順德軍，漢曰成德軍，周及宋皆因之。宋尋改真定府，爲河北重鎮。金因之，置河北西路。國朝初，仍爲河北西路，懷、衛、邢、洺、磁、相、保、大名、河間皆隸焉。後改真定路總管府，領縣九，曰真定、欒城、元氏、靈壽、獲鹿、平山、阜平、藁城、涉縣；〔二〕領府一，曰中山；領州五，曰冀、深、蠡、晉、趙，府州所鎮縣凡二十有一。真定路録事司，國朝所建立，專理城内，城之外則真定縣所理。城中今置燕南河北道肅政廉訪司及真定路總管府以鎮之，〔三〕録事司、真定縣二官署皆在城中。

2漢高祖攻陳豨，改曰真定。〔四〕魏爲常山郡，治故城，今在縣南。元魏移郡治于府城中。隋廢郡。唐復爲真定縣，屬鎮州。宋、金因之，屬真定府。國朝爲真定路倚郭縣。〔五〕

3藁城縣。戰國趙武靈王爲九門縣。漢爲藁城，〔六〕屬真定，九門屬常山。晉省藁城。

北齊置鉅鹿郡，省九門。唐置廉州，復改藁城，州尋廢。又置九門縣曰觀州，州亦廢，並屬鎮州，天祐置藁平縣。宋置藁城，省九門入焉，開寶三年廢。金復置。國朝因之，爲真定路屬縣。〔七〕

4 欒城縣。春秋晉靖公孫賓食邑，賓因以欒爲氏。〔八〕西漢爲關縣，即今治也。東漢爲欒城縣，故城在趙州西北十六里，今曰輪城是也。晉省。後魏復置。隋置欒州，尋廢。唐改欒氏，〔九〕屬趙州，後屬真定。宋爲欒城，金因之。國朝爲真定路屬縣。〔一〇〕

5 中山府城中。〔一一〕中山府，〔一二〕堯始封此。禹貢爲冀州之域。春秋鮮虞國也，初爲中山，魏并之。秦爲上谷、鉅鹿二郡地。漢置中山國，治盧奴。後燕慕容垂都此。元魏爲中山郡。〔一三〕隋爲博陵郡，尋改高陽。唐爲定州，又復改博陵郡，升義武軍。宋改定武軍，升中山府中山郡。〔一四〕金仍爲中山府。國朝因之，爲中山府，隸真定路，領縣三，曰安喜，爲附郭縣，曰新樂，曰無極。

6 安喜縣。春秋鮮虞之地。戰國爲中山，魏文侯使樂羊取之，以封太子。至漢爲盧奴、苦陘二縣之地。〔一五〕東漢爲漢昌縣。魏改魏昌。元魏立安州，尋改定州。北齊遷安喜于今治。隋廢安喜，屬博陵郡，尋置鮮虞縣。唐復爲安喜。宋、金因之。國朝以安喜爲中山府倚郭縣，兼理城中。

7趙州城中。禹貢冀州之域。春秋屬晉。戰國屬趙。秦屬邯鄲郡。漢屬恒山、鉅鹿二郡地。晉爲趙國。〔一六〕北魏趙郡，兼置殷州，理象城。北齊爲趙州。隋改欒州，尋爲趙郡。唐復爲欒州，尋改趙州，又爲趙郡，屬河北道。宋初仍爲趙州，崇寧中，升慶源軍，尋升慶源府。金天德三年，改沃州，因與「趙」音同，又取以水沃火之義云。國朝復爲趙州，隸真定路，領縣七，曰平棘，爲附郭縣，曰寧晉，曰臨城，曰高邑，曰柏鄉，曰隆平，曰贊皇。

8趙州附郭曰平棘縣。〔一七〕漢初屬常山郡，〔一八〕後置宋子縣。晉屬趙國。〔一九〕後魏爲趙郡治所，〔二〇〕復置宋子縣。隋自象城移趙州治此，改置平棘縣。唐、宋、金皆因之。國朝爲趙州屬縣倚郭縣，兼理城中。

9管仲云：〔二一〕「鄗邑之黍。」春秋：「納荀卿于柏人。」〔二二〕鄗爲晉邑，柏鄉即柏人，今治即鄗邑也。漢屬鉅鹿郡。高祖八年，次柏人，趙相貫高謀殺上，上心動，問縣名，柏人上曰：「柏人者，迫於人也。」去，弗宿，即此地也。光武即位於縣之五成陌千秋亭，〔二三〕更名高邑，爲冀州刺史治所。魏改柏仁。〔二四〕隋置柏鄉縣于彭水之陰，〔二五〕即今治也。唐因之，屬趙州，天寶改堯山縣。宋省柏鄉入高邑，而存堯山。金復爲柏鄉，〔二六〕屬沃州。國朝因之，爲趙州屬縣云。〔二七〕

10元氏縣西北三十餘里，曰封龍山。星文圖曰：「山應軒轅十星，屈折若飛龍之狀，故云。」山陽有龍首峰，高二百丈，上有立石數莖，望之若龍骨也。峰東北五里，又有獅子峰，高三百丈，〔二八〕若獅子蹲踞。又有熊耳峰，高五百丈。又有玉石峰、螺峰、南北天井，皆西北最高之峰，各以其形相類而名也。又有石人峰，在東南隅，三石相向屹立，各高三四丈，儼如人形。又有孩兒、華蓋二峰名。仙人臺，則在螺峰之西，怪石相承如臺，故云。山絶頂有二塔。獅子峰後數百步，有白云洞，世傳張果老所居。又有龍井，而水簾在龍泉之上，垂二丈許，雖祁寒不凍，大旱禱輒應云。

11 千萬壘。〔二九〕趙州平棘縣南五里，安濟橋南，有壁壘曰「千萬」，〔三〇〕今俗呼爲「西壁營」。昔漢安帝永初元年，以鄧騭、任尚討羌，無功而還。〔三一〕後羌遂侵河内，趙、魏民驚恐。北軍中候朱寵將五營兵屯孟津，〔三二〕詔魏郡、趙國、常山、中山繕作塢壘六百十有六所，〔三三〕此即一也。今河羌人居之。

12 巏嵍山。〔三四〕音權髦。在柏鄉縣南，乃土山也。今屬順德路唐山縣境，唐山即古柏人也。〔三五〕巏嵍山，〔三六〕出五色石。

13 真一泉。真定路府治西街，居民舍下有一井，極甘美，曰「真一泉」。金章宗嘗取惠山泉與此水較之，其味大勝，章宗因曰：「真一潤二。」遂以名其泉云。

14 盧水。中山府城濠，水流入城中，曰盧水。〔三七〕水經注曰：「盧奴城西北隅，〔三八〕有水困而不流，南北一百步，東西百有餘步，水黑色，俗名黑水池。或曰水黑曰盧，〔三九〕不流曰奴，故曰盧奴云。自漢至燕，〔四〇〕皆引滱水入城中。〔四一〕今水竇既毀，地道亦絶，惟池水流出城外，潭積微漲，涓水東北流注于滱水也。」〔四二〕

15 陘邑縣故城。安喜東南五十里，本趙之陘城也。史記曰：「田叔，趙陘城人也。」漢爲苦陘縣，〔四三〕屬中山國，章帝改漢昌。魏改魏昌。北齊廢。隋置隋昌，屬博陵郡。唐改唐昌，屬定州，天寶間，改陘邑。至宋康定初，〔四四〕省入安喜。迄今爲墟市，民居甚衆，豪商大賈皆集焉。市衢之西，有西門豹之廟，此即史記所謂陳餘游苦陘，得富人公乘氏女所也。

16 新城。在縣北三十里，曰新城鎮。即古之新市縣也，〔四五〕爲白狄鮮虞之國。漢爲中山屬縣。王莽曰平樂縣也。趙記曰：「新市縣有藺相如、廉頗、李牧三將之宅。故其城勢作三曲，〔四六〕西北避相如宅，東北避頗宅，東南避牧宅。」又云：「相如祖塋皆在城中。」今爲新市鄉新城鎮，居民數百家，爲墟市。十二月，夜宿鎮上蘇氏逆旅，是夜大雪。

17 九門故城。董氏族附。藁城縣西北三十里，荒城一區，蓋戰國時趙邑。本有九室居之，武靈王改曰九門。史記「王出九門，如野臺，以望齊、中山之境」是也。惠文王二十八年，藺相如城之。漢爲縣。今爲九門鎮。野臺在城側，俗呼爲「寒臺」云。城中世家，惟董氏一族。故自其龍虎衛上將軍俊帥孤軍内附，滅金之役，戰死黄河之上，謚「忠烈」。其子文炳忠獻公，受知世祖，身兼左轄、僉樞之職，討滅宋國，事載信史。次文用，爲翰林承旨，謚「忠穆」。〔四七〕又次文忠，〔四八〕僉樞密院，謚「忠貞」。其孫士選，陝西平章，孤介剛毅，徧歷臺閣，號稱名臣，〔四九〕謚「忠宣」。〔五〇〕子孫列貴朝寧，當代清顯，〔五一〕世罕能及。〔五二〕故内翰元文敏公明善，〔五三〕撰公家傳，贊曰：「或曰爲將三世必敗，〔五四〕其後受其不祥。董氏貴顯四世，子孫數十百人。〔五五〕或曰活一人者，〔五六〕必有後。龍虎公、忠獻公爲大將，〔五七〕不妄殺，濱死而生之者，無慮數十萬人。〔五八〕其諸以是爲德歟！」〔五九〕後臺臣上章，累請援史張功臣例，〔六〇〕進封王爵，子孫辭不受，蓋以滿盈爲誡也。余嘗過其第中，見其冠蓋蟬聯，子弟皆清修好學，而有承平公子之風。觀乎此，清河元公之言蓋可信矣。〔六一〕

18 南欒鄉城。〔六二〕千金渠附。柏鄉縣南干山、言山二山之西也，〔六三〕俗呼爲「南陵城」。十三州志曰：「昔陳公子完，避亂奔齊，桓公以此封之。」漢武帝封趙敬肅王子它爲南欒侯，即王莽之富平也。左氏傳曰：〔六四〕「齊國夏伐晉，取欒。」其後南徙，故曰南欒云。城西有千金渠，唐開元中，縣令王佐所浚，以疏積潦，其堰則謂之「萬金堰」也。

19 真定路之南門，曰陽和。其門頗完固。上建樓櫓，以爲真定帑藏之巨盈庫也。下作雙門而無棖臬，〔六五〕通過而已。左右挾二瓦市，優肆、倡門、酒爐、茶竈、豪商、大賈並集于此，〔六六〕大抵真定極爲繁麗者。蓋國朝與宋約同滅金，蔡城既破，遂以土地歸宋，人民則國朝盡遷于北，〔六七〕故汴梁、鄭州之人多居真定，於是有故都之遺風焉。

20 藁城縣西二十五里，故城東高臺三所，圯址尚存，郭况故臺也。今臺傍有三村落：一曰臺西，一曰故城，一曰内族，此即郭后所居也。昔光武擊王郎至真定，過此，因納郭氏爲后。今臺三所，作南、西、北三面。北臺之上建盧郎神廟，不知何神，廟東向，神像具唐服，〔六八〕民至今祀之。今真定平山縣東有綿蔓故城，即光武所封况之侯國也。

21 安喜縣東南三十里，荒臺一所，曰雞鳴臺。世傳漢世祖自薊而南，於此舍宿。其地窪下，遂築此臺，雞鳴而發，因以名云。

22 趙州城中，州衙南，皇華驛之東，有望漢臺。此即東漢耿純所築，以望東武之所也，歲久摧圮。宋大觀四年，知軍州事劉戒，惜其遺迹湮没，〔六九〕乃築而新之。其高七尋，其基延袤二百八十尺，上廣六十尺，仍構屋以覆之。命州判官趙徽之撰望漢臺銘刻石，其碑今在州衙前金刺史趙温謌碑樓下。望漢臺但一荒丘耳。〔七〇〕

23 趙州城南，平棘縣境，通津有大石橋，曰「安濟」。長虹高跨通衢，上分作三道，下爲環洞，兩挽復各爲兩洞，〔七一〕制作精偉，闌楯刻蹲獅，纖巧奇絶。〔七二〕華表柱上，宋臣使金者刻題甚多，不能盡讀。有刻曰：「連鵬舉使大金，至絶域，實居首選。宣和八年八月壬子題。」橋上片石，有驢足迹四所，世傳神仙張果老之迹。〔七三〕余以當時匠者之戲。〔七四〕匠者曰李春，隋

居也。〔七七〕

禁中，賜號『通玄先生』。〔七六〕後不知所終。」今真定平山縣東十三里，有蒲吾古城，即果所時人也。張果老，列仙傳云：「果，真定蒲吾人，〔七五〕隱封龍山。唐高宗召，不起。明皇迎入

24 趙州城西門外，平棘縣境，有永通橋，俗謂之「小石橋」。方之南橋，差小而石工之製華麗尤精。清、洨二水合流橋下。此則金明昌間，趙人裒錢而建也。建橋碑文，中憲大夫致仕王革撰。橋左復有小碣，刻橋之圖，金儒題詠併刻于下。

25 李昉書院。吟臺附。元氏縣封龍山龍首峰下，〔七八〕有宋丞相李昉讀書堂，及吟臺皆在焉。李公書堂本三所，〔七九〕東溪者爲浮屠所占，〔八〇〕西溪蕪没不可考，今建書院者，即中溪也。吟臺在東北隅，疊石爲之，高三丈餘，宋碑一通尚在。逮國朝至元三年，李文正公治，〔八一〕自翰林學士辭歸，隱山中，因其故基以築大成殿、講堂、齋舍，招延學者，王文忠公磐爲撰書院記。李文正公，字仁卿，自號敬齋。云金進士，欒城人也。有文集行世。王文忠公，字文炳，號鹿庵，廣平人，亦云金進士。入國朝，爲翰林承旨。年九十二，以壽終。

26 徐童樹。在元氏縣封龍山修真觀。四周多徐童樹，樹類梧桐，香氣時襲人，其子可以染碧，移植他所，則輒死，俗呼爲「徐童華」。世謂北嶽徐真君登仙於此，記云：「駱元素遇一老人，得藥十粒，且告曰：『服此則不飢。吾本姓徐氏，字元英，新受長桑君牒，爲北嶽

長史。』言既，化童子乘雲而去，〔八二〕因以名云。」

27 中山府學講堂前，有雪浪石。承以丈八芙蓉石盆，盆口鐫蘇文忠公雪浪石銘。其石紋作波濤痕，復有若卧牛、立鳳之狀者。昔蘇公守定日，甚愛此石，構小室置之，榜曰「雪浪齋」云。西廡下一碑，圖石之形，併刻其銘于右。學中又有唐王維畫竹碑二通，一黑一白，世謂「陰陽竹」也。

28 玉華宮。在真定路城中，衙城之北，潭園之東，是爲睿宗仁聖景襄皇帝之神御殿，奉安御容者也。外爲紅綽楔垣牆，四周槐柳森列，重門棨戟，廣殿修廡，金碧輝映，宏壯華麗，儗於宮掖。制命羽流崇奉香鐙，置衛士以守門闥。歲時月日，〔八三〕中書以故事奏聞，命集賢院臣代祀，函香致醴，遣太常雅樂率燕南憲臣、真定守臣，具朝服，備牲牢，行三獻之禮。延祐間，御史元永貞上疏，略曰：「聖朝建宗廟，崇孝享，可謂至矣。而睿宗神御別在玉華宮。竊惟功德莫如太祖、世祖，不聞有原廟。世祖神御奉安大聖壽萬安寺，歲時以家人禮祭供，不用太常雅樂。今玉華宮又非龍興降誕之地，伏望朝廷，照依京師諸寺影堂例，止命有司祭供，罷太常樂，斯得典禮之正矣。」疏上不報。〔八四〕元統乙亥，監禮官薩都剌天錫有詩曰：〔八五〕「大禘天香出内宮，〔八六〕孝思與世總無窮。百年禮樂行三獻，一派簫韶起半空。〔八七〕使者領班雲氣裏，女仙摇佩月明中。小臣監禮陪清列，兩袖葵花映燭紅。」天錫進士，時爲燕

南廉訪司照磨云。〔八八〕

29 開元寺。在真定路城中，鼓角門天禄坊西，此即張五村故地也。寺内三門石柱，刻曰：「大曆十二年，〔八九〕藁城主簿李宿撰解惠寺三門樓贊」云。後魏興和二年建寺，曰浄觀。至隋開皇十一年，改曰解惠。後復改開元寺。寺有千石鐘，聲聞數百里，今爲官府昏曉之警鐘。樓栱間有趙閒閒所遺墨迹。〔九〇〕正殿皆石闌環繞，〔九一〕鐫刻花木、禽獸、人物，〔九二〕極爲工緻纖巧。寺復有轉藏經碑，乃梁王承規集王右軍書也，〔九三〕極妙絶當世。〔九四〕復有封居賦、小篆千文碑，在寺中。

30 臨濟寺。在真定路城中，〔九五〕定遠門東街，「飛云樓」之東。其三門下，有唐吴道子所畫布袋和尚像，及摇鈴普化真讚、東坡墨竹緑筠軒詩等石刻，極爲精妙。寺乃臨濟祖庭，其靈塔，則金世宗所建也。昔臨濟和尚結茅於此，嘗與木塔、河陽二師圍爐而坐，木塔曰：「摇鈴普化，果是凡是聖？」普化適至，揭簾而入：「汝謂我是凡是聖？」臨濟大喝一聲，普化作偈曰：「河陽新婦子，木塔老婆禪。臨濟小厮兒，倒具一雙眼。」世傳寺本趙王鎔所賜墨君和故宅也。〔九六〕

31 趙州城中，東門内，有柏林院，世呼爲「趙州古佛道場」，蓋唐末僧趙州和尚修行之所。舊在城外，後城既展，而在東門内矣。院西丁字街，有石浮圖，俗曰「大石塔」，高可四五丈，制作極工，上刻古薤葉篆，亦妙。宋景祐五年，西廂人所建也。

32 中山府城中，天寧寺後，有小寺，世傳慕容垂之後宮也。其妃以誣被殺，冤血濺砌石，石白血殷，漬而不滅，每雨過，其色愈鮮。余嘗考北史，垂妃無它被殺者，惟段氏諫垂廢太子寶，垂不聽，寶深銜之，及即位，令自殺，疑此即段氏之血也。

33 欒武子廟。欒城縣西四里，彪塚村高丘一所，〔九七〕曰「欒武臺」，臺有廟，曰「欒武祠」，此即欒伯書之廟也。書謚曰「武」，故云。廟西南有一塚，曰「彪塚」，俗傳武子獵于此，射一彪死，葬於此焉。

34 中山府文廟西，宋丞相魏忠獻王韓公琦祠堂存焉。〔九八〕琦爲帥，有惠政，州人爲立祠。祠下有碑一通，其略曰：「仁宗朝，出知定州。時州兵不治，將爲亂，及至，即用兵律裁之。察其横不可教者，〔九九〕斬之。有死于戰敵者，賞其家，其孤兒使繼衣廩。乃倣古兵法，〔一〇〇〕列方、圓、鋭三陣，親教習之。由是定兵强勁可用，號稱雄鎮，聲振契丹」云。

35 真定路城中，開元寺後繡女局内，唐清河郡王李寶臣紀功碑一通。其碑極高大，永泰二年所立也。〔一〇一〕類要云：「李寶臣紀功二碑，一在真定府治東三十步。」即此碑也。「一在府治西一十步，〔一〇二〕大曆三年立。」〔一〇三〕今在居民房屋土底，常有人掘見云。〔一〇四〕

36 真定路城中，開元寺後繡女局内，復有鉅碑埋土中，止露碑首，長及丈五。題曰「王武俊碑」，貞元五年立，〔一〇五〕文字皆不可考。類要云：「王武俊碑，去真定府治東門二十步。」即此碑也。

37 真定路南關陽和門外，史丞相遺愛碑一通。螭首龜趺，高四十尺，冠以華屋，壯麗崇峻。其文，則郡教授吴特起撰也。〔一〇六〕碑略曰：「公姓史氏，名天澤，大都永清人。國初，嗣兄天倪爵，爲河北兵馬都元帥，尋除真定等處五路萬户，又擢經略宣撫使。世祖皇帝即位，中統二年五月，〔一〇七〕超拜右丞相。至元元年，進光禄大夫。三年，進輔國上將軍，〔一〇八〕爲樞密副使。四年，復爲左丞相。六年，以榮禄大夫爲平章政事。八年，加開府儀同三司、平章軍國重事、中書左丞相。公出入將相幾五十年，〔一〇九〕柱石四朝，〔一一〇〕儀表百辟，古之社稷臣也。〔一一一〕其保障河北，戰三峰山，掊金擣宋，皆建奇功。嘗同伯顔淮安忠武王統大軍至鄂渚，〔一一二〕以疾召還，〔一一三〕明年薨於位，即十二年二月七日也，享年七十有二，〔一一四〕贈太尉，謚忠武，葬真定縣太保莊。墓碑，翰林學士徒單公履撰，〔一一五〕神道碑，則翰林承旨王磐撰，皆敕賜文也。延祐六年，加贈推忠贊治同德佐運功臣、太師、開府儀同三司、上柱國、鎮陽王。初公之治真定也，披荆棘，驅狐狸，開城郭，立官府，以招人民，成天下之劇郡，四方之都會。武仙之亂，公兄元帥天倪遇害，主將欲盡誅郡人，〔一一六〕以雪其恨，公恐失脅從罔治之義，忍忿含垢，〔一一七〕亟諫數四，乃得全活。壬辰，招降老幼十萬餘口，將護北渡，〔一一八〕使其自便處所，或使歸鄉里，一無所問。其德可勝言哉！公甲第，今在子城西黑軍營北。第中有静治堂、青樾樓、景光亭、江漢堂」云。十二月早，渡滹沱河，抵陽和門外，日卓午矣，飯於旅舍，遂至南關，下馬讀其碑而去。

38 真定路府學尊經閣下，有劉法墨史圖石刻，及楊秘監邦基畫，〔二九〕及金諸賢詩，極精妙也。舊在墨史堂，今龕閣壁云。

39 唐恒州刺史陶雲碑。在真定路府治廡下，有唐恒州刺史陶雲碑一通。字爲行草書，筆勢遒勁，而不著書者姓名。其文，則唐申州録事張義感所撰。其略曰：「雲，字大舉，〔三〇〕河南伊闕人。高宗時，爲恒州刺史。」其碑，則永淳二年立也。昔宋歐陽文忠公爲河北轉運使，至真定，見碑仆府門外，半埋土中，命工掘出，立于廡下云。

40 三公神廟碑。白石神君、無極山二漢碑附。三公神廟，在元氏縣西北三十里封龍山下。其廟兩兩相對，若泰階六符之狀。蓋三台近于軒轅，故廟于此山。今牓曰「天台三公之廟」。其廟有漢封龍山頌碑一通、漢三公山碑一通。縣西故城西門外八都神壇，亦有三公山碑一通，漢光和四年常山相馮巡所立。〔三一〕壇側又有唐三公山碑一通。八都者，總望八山而祭于此。〔三二〕明帝永平中幸此，詔復租税六年，勞來縣吏，下及走卒，〔三三〕皆蒙恩賜。其後，章帝北巡，又幸元氏，祀光武于縣堂，祀明帝于始生堂，皆奏樂焉。白石神君碑、無極山碑二漢刻，皆在封龍山下。

41 唐盧舍那琨像碑。鐵塔附。元氏縣城中開元寺，有唐蔡有鄰隸書盧舍那琨像一通。〔二四〕歐陽文忠公曰：「唐世能名八分者四家，韓擇木、史惟則世傳頗多，〔二五〕而李潮及有鄰特爲難得。慶曆中，〔二六〕昭文韓公始得此本。」「有鄰小字尤佳，若石經藏讚、崔潭龜詩，與三代鼎彝何異也。」又云其碑石刻在中山府城中，〔二七〕蓋傳聞之誤耳。開元寺内西北院中，有生鐵塔，高四五丈，其制亦機巧。

42 定武蘭亭石刻。舊在中山府庫中，爲天下名本，今埋没不知所在。昔唐太宗詔供奉臨蘭亭，惟此本乃率更令歐陽詢所搨也。上命刻石留禁中，以他本賜外臣，一時貴尚摹搨。〔二八〕惟禁中石本獨完善。〔二九〕至五代石敬瑭棄中國，而契丹耶律德光自中原輦寶貨、圖書還，北至殺胡林而死。〔三〇〕永康立，其國交兵，遂棄石而歸。慶曆中，〔三一〕李學究者得之，韓忠獻壻始以墨本出示韓公，索其石觀，李遂瘞地中。李死，其子出石，始售于人，每本必千錢，由是好事稍稍得之。後李負官緡無償，時宋景文公祁守定武，以公帑金代李輸之。取石，匣藏于庫，非故舊不得□。〔三二〕熙寧間，薛師正守是邦，求者沓至，薛惡其摹打之聲，乃刻別本于外，以遺求者，然此郡已有二刻真贗矣。其子紹彭摹他石以易元刻，暗以自別，遂于古刻「湍」、「流」、「帶」、「左」、「右」五字各刻損一二筆爲記。〔三三〕或謂古蹟「仰」字如鍼眼，〔三四〕

「殊」字如蝌爪，「列」字如丁形，又「云」字微帶肉，此爲唐刻本也。大觀中，徽宗詔取此石於薛氏家，其子嗣昌進納御府，上命龕置宣和殿。靖康金人陷汴京，其石不知所存，云金以紅毯輦歸。今東南諸刻無能彷彿者。天台桑澤卿世昌編蘭亭博議一書，甚詳。

43 趙州城東北三十里，平棘縣境上，古宋子城，城中有漢耿球碑一通，作漢隸書。〔一三五〕蓋耿純宋子人也，城西有耿鄉，〔一三六〕漢光武封純爲侯國，〔一三七〕世謂之宜安城，至今民多姓耿，皆純之後也。宋子故城，即秦高漸離匿作宋子而歌之所也。按衛恒四體書勢曰：「鉅鹿宋子城耿球碑，師宜官書，袁術立。」〔一三八〕球，純之後云。

44 徐整碑。在柏鄉縣西南七十里，柏鄉故城之西門内，漢柏人令徐君碑一通。君名整，桓帝時爲柏人令，有惠政，民懷之，爲立碑。此即高祖動心不宿之地也。〔一三九〕

45 柏鄉縣城中，通衢居民檐下，柏鄉尉蘭君碑一通。君名儼，字望之。唐會昌間，〔一四〇〕尉柏鄉，有遺愛，民伐石立碑，潞州進士張瓌製文。〔一四一〕將樹碑時，皇叔觀察使完顏從郁適朝京還，因題詩一章於碑後，曰：「鄉村皆願識將軍，〔一四二〕事簡將軍少出巡。白酒不酤誰犯禁，〔一四三〕黃雞無禍得司晨。問耆撫幼非干譽，〔一四四〕止社停巫豈慢神。〔一四五〕數尺去思碑上語，後官知勸可書紳。」鄉人併刻其詩于碑後。

46 「吉日癸巳」石刻四字，周穆王所刻也。昔在趙州贊皇縣城南十三里，壇山崖石之上。穆天子傳云：「穆天子登贊皇山，以望臨城，置壇此山，因以名焉。」癸巳，誌其日也。又有四望山者，謂穆王登山望祭四方者。傳中但云登山，〔一四六〕而不言刻石。〔一四七〕然字畫亦奇怪，若杖畫狀。土人謂壇山爲「馬蹬山」，〔一四八〕以其「巳」字之形類蹬也。〔一四九〕宋尚書廣平宋祁，以皇祐四年秋，自亳移鎮鎮陽，〔一五〇〕道出趙州，命人于壇山石壁模得此字。時趙之守將武臣也，遽命鑿山壁，輦其字歸趙，龕之廳壁，聞者莫不嘆惋。嘉祐己亥，移置高邑縣廳壁。元至元二十三年乙酉，復移龕贊皇廟學之壁云。

47 藁城縣城中，文廟内，〔一五一〕有漢藁長蔡湛碑一通。光和四年立，並碑陰全。廬陵歐陽文忠曰：「天章閣待制楊畋嘗爲余言：〔一五二〕『漢時隸書在者，此最爲佳。』畋自言平生學此字也。」

48 藁城縣九門城中，有隋九門令鉗耳府君碑，不載書撰名字。碑首題云〔一五三〕「大隋恒山郡九門令鉗耳清德之頌」。〔一五四〕君名徹，〔一五五〕華陰朝邑人。本周王子晉之後，避地西戎，世爲君長，因以地爲姓。曾祖靜，魏馮翊太守。祖朗，成、集二州刺史。父康，周荆、安、寧、鄧四州總管別駕，安陸、龍門二郡守。〔一五六〕字畫遒勁，非歐、虞不能及也。〔一五七〕

49 九門城中，有隋李康清德頌碑一通，〔一五八〕不著書撰名氏。文爲聲偶，而字畫奇古可愛。康，〔一五九〕隴西狄道人也。碑首題曰「大隋冠軍將軍、大中都督、〔一六〇〕恒州九門縣令隴西李君清德之頌」。字多訛闕，〔一六一〕其後曰：「十一年歲在辛亥，大將軍在酉二月癸丑朔十二日甲子建。」「年」上二字磨滅不可識。按：隋開皇十一年歲在辛亥，其二字乃「開皇」也。大將軍在酉之説，出于陰陽家，前史不載，而於此併記之。〔一六二〕

50 藁城縣九門城西，浮圖碑一通，〔一六三〕題云「九門縣合鄉城人等爲國建浮圖之碑」。唐應詔四科舉董行思撰文，〔一六四〕清河傅德節書，〔一六五〕唐高宗上元三年歲在丙子建浮圖。〔一六六〕在智矩寺。〔一六七〕寺今亦廢久矣。

51 馮樂陵。在新樂縣東北二十里，即漢馮昭儀之墓也。昔昭儀隨其子中山孝王興就國，王爲母築宮爲樂里以居之。〔一六八〕樂里，即今新樂城也。昭儀在元帝時有當熊之功，〔一六九〕成帝優異之，賜御服、鼓吹、鹵簿，〔一七〇〕名其居曰「樂里」。既終，敕葬樂里東北，因名其墓曰「馮樂陵」云。十二月□□早，〔一七一〕自新樂縣起，午前至馮樂陵，午飯遂至荒陵，眺望而去。午後，雪復大作。

52 漢中山王陵。安喜縣東，唐河西北有二墳，即漢中山哀王、憲王之陵，〔一七二〕世訛爲「二女陵」，非也。哀王乃孝王之孫，康王之子。寰宇記曰：「滱水，又名唐河，自唐縣界流入，東經京丘。〔一七三〕北對君子岸，岸上有哀王、憲王二陵。」〔一七四〕又聞中山懷王、順王、夷王數陵，在安喜縣境内，今皆不可考矣。〔一七五〕

53 李左車墓。趙州城西七里，清水之曲，有高塚一所，世傳爲李左車之墓。塚上今爲佛寺，中有一井可汲，餘無考者。塚上但有元魏景明二年所立兗州刺史李使君碑一通而已。

54 欒城縣西陲，有村曰陳居，陳餘墓在焉。此餘游趙日所居，死歸葬此。

55 欒城縣城東，石欄橋東二里，有塚極高，爲漢蒲關侯柴武之墓也。〔一七六〕隋開皇間，武有遠孫爲浮屠氏曰英師，並葬于塚側，〔一七七〕今臺塚亦漢制也。〔一七八〕塚旁有臺頭寺，俗訛爲柴世宗墓，非也。近塚曰柴村，即武族之所居也。

56 真定縣南十里，古常山城下治河之濱，〔一七九〕荒塚隱然，是爲漢膠東侯賈復之墓。昔浚治河發古塚，〔一八〇〕得骸骨異常，身擐鐵甲，一戟在旁，尋復得其墓志，始知爲賈復之墓也。太守馬公斂以衣衾，更瘞之。時燕南憲掾孫茂先見其事，〔一八一〕後三十年，告於郡知事王德禎，因礱石，請監察御史楊君俊民爲文，刻諸石，名曰「懷賢之碑」，以表其墓。其略曰：「侯，南陽人，光武拜執金吾、冠軍侯。建武間，封膠東侯，食六縣。後罷，將軍以列侯就第。卒謚剛正。案：〔一八二〕後漢書作「剛」，無「正」字。侯嘗破五校于真定，〔一八三〕創甚，光武念之，約爲婚姻。卒後，哀其成績，詔葬于此，或史之所逸也。」又述宋洪适之言，辨論埋銘之原，〔一八四〕以爲自漢明帝時都尉路君墓闕始，〔一八五〕至爲詳博。王君字祐之，保定人，好古篤實君子，以余爲忘年友也。楊君字士杰，〔一八六〕郡人，舉進士，歷館閣，〔一八七〕今爲國子司業，亦余之故人也。

57 郎氏墓碑。在新樂縣東南十五里曲都村，〔一八八〕有郎氏墓。墓林中有郎茂、郎穎二碑，皆李百藥撰，宋才書，字畫甚偉。碑云：「茂從煬帝幸江都而卒。」「穎事唐爲大理卿。隋唐之時，屢更定律令，蓋法律士也。」穎之碑陰題名云：「柱國府僚佐三十二人，常山公府國官一百七人，合一百三十九人爲一卷。柱國府長史、司馬、掾屬各一人，諮議、記室、司倉、司功、司户、司兵、司鎧、司法、司田、司士、參軍事各一人。又有參軍事五人，行參軍十人，典籤三人，常山國官、國令、大農各一人，常侍、侍郎、國尉各二人，典尉六人，〔一八九〕舍人四人，城局、廟長、學官各一人，〔一九〇〕食官、廄牧各四人，典府長一人，典府丞二人，親事七十五人。」穎以貞觀四年卒，此蓋唐制也。

58 真定之西關外，社壇西北隅，城濠之外，真定縣境上也，有褚先生墓。〔一九一〕墓上小碣一通，〔一九二〕其略曰：「先生姓褚氏，〔一九三〕諱承亮，字茂先。宋宣和六年擢第。〔一九四〕調易州户曹，會金皇子郎君破真定，拘境内舊進士七十三人，赴安國寺試策。策目以：〔一九五〕『上皇不道，少主失信』，舉人希旨，極口詆毀。先生離席，揖主文劉侍中曰：『君父之過，豈臣子所當言耶？』長揖而出場屋，劉爲之動容。比揭牓，先生被黜，餘悉放第，狀元許必輩自號『七十二賢牓』。〔一九六〕時人謂先生曰『有德先生』。朝廷重其名，命知藁城，漫一應之，尋解印去。年七十終。弟子周伯禄等百餘人，因私謚曰『玄貞先生』」云。〔一九七〕十二月蚤，〔一九八〕謁拜墓下。

59 真定縣北十五里，大安鄉曹家疃道左，墓碑題曰「元故僉浙東海右道肅政廉訪司事甄君之墓」。〔一九九〕墓前一碑，中奉大夫、陝西諸道行御史臺侍御史趙郡蘇天爵撰文，國子司業王理書，翰林直學士謝端篆碑。略曰：「君諱世良，字賢卿，世爲真定人。年四十餘，始游江南，試吏四明，擢浙東西憲掾，進南臺察院。受知文皇帝，尋貢中臺，除廣西廉訪知事，遷帥府都事。際遇今上于潛邸，比入大統，〔二〇〇〕召君入朝，臺臣奏爲山南經歷，上不允，改通政都事，尋拜監察御史，出僉浙東憲。至元元年九月十八日，〔二〇一〕卒于金華官舍，年六十八。君在廣西，〔二〇二〕調護聖躬，夙夜無懈。嘗書「賢卿」二字賜之。及還浙東，又賜緡錢五千貫，〔二〇三〕其恩眷類此。子二人，曰英，曰蒙」云。蓋君之在四明也，與先君子最厚善，每過余家，喜余誦讀，語人曰：「此子可教也。」今余自海上歸南陽，〔二〇四〕將上京師，道出鎮陽，竊幸拜君之墓。嗚呼！二十年之間，見君之窮達生死，而余栖遲草萊，〔二〇五〕年益邁而學益荒，負君知人之鑑矣。

60 真定縣北，新城鎮南二里許，墓林蓊蔚，羊、虎、翁仲皆白石鐫鑿，極爲偉壯，是爲嶺北行中書省郎中蘇君之墓。隧前一碑，乃蘇氏先塋之記，奎章閣侍書學士蜀郡虞公集撰，翰林承旨吴興趙文敏公孟頫書丹，爲二絶之筆也。君墓碑，亦虞公撰，其略曰：「君名志道，字子寧。以吏起家，爲丞相掾，三命爲樞密經歷。延祐三年歲丙辰，關中有變，遂及和林，人大震恐，並皆奔散。會天大雪，深丈餘，居廬人畜盡壓没，〔二〇六〕民皆枕藉相食，〔二〇七〕道無行人。朝廷超拜君爲中憲大夫、嶺北等處行中書省左右司郎中。君請厚價募民粟至和林以賑，饑民遂得全活。明年，行至京師，卒。其子天爵，奉柩歸葬於此。」天爵字伯修，以文章起家，敭歷臺閣，〔二〇八〕爲時名人。今以國子祭酒，選爲京畿奉使宣撫。〔二〇九〕十二月大雪，留新城不得發。〔二一〇〕至暮稍晴，〔二一一〕遂同李亨散步至墓上，讀虞公所撰碑。過墳庵，又讀費著、周伯琦等燕南考試回題壁。守墓者邀余二人啜茶，且言昔耕墓旁，得古碑之蓋一段，其制若今擣練方石，字皆漫滅不可讀，蘇公定爲碑蓋也。蓋古人埋銘，必以石覆其碑，恐土蝕其字畫，故碑蓋則大篆其題目，〔二一二〕今之碑文曰「篆蓋」，即其遺意也。

61 藁城縣東南二十里，〔二一三〕倪家莊側，有唐倪若水墓。莊多姓倪氏，皆若水子孫也。若水，字子泉。擢進士，開元初，爲中書舍人、尚書右丞，出爲汴州刺史。政清静，興州縣學，風化大行。未幾，入爲户部侍郎，復拜右丞卒。〔二一四〕

62 藁城縣二十里，新興村，滹南王先生墓在焉。先生諱若虚，字從之。金進士及第，〔二一五〕仕至翰林學士。國初遁此，自號「滹南遺老」。篤志經學，尤長于經義，南北師尊之以爲法。後登泰山，〔二一六〕端坐而逝，歸葬於此。有慵軒集及經史諸書辯疑行世。〔二一七〕墓前碑，則元遺山所撰也。有司今立祠縣學以祀云。

校勘記

〔一〕改常山郡屬真定國　此處行文似易引人誤解，以爲常山郡屬於真定國，顯然不確。其本意當是真定路之地屬真定國，而真定國係武帝時析常山郡四縣而置。「屬」或當作「置」字，則可以彌合現有叙述中之漏洞。

〔二〕曰真定欒城元氏靈壽獲鹿平山阜平藁城涉縣　文津閣本、真意堂叢書本、粤雅堂叢書本「欒城」前有「曰」字，待學樓本、守山閣叢書本無。待學樓本「真定」下注：「吴本此下誤衍一『曰』字。」守山閣叢書本注：「〇案：『真定』下原本衍『曰』字，今删。」

〔三〕城中今置燕南河北道肅政廉訪司及真定路總管府以鎮之　「司」，待學樓本同，文津閣本、真意堂叢書本、守山閣叢書本、粤雅堂叢書本作「使」。待學樓本注：「吴本作『使』，據元史及翁本改。」今按：當作「司」，方可與「城中今置」呼應。

〔四〕漢高祖攻陳豨改曰真定　此條記真定縣，按照河朔訪古記他條體例，條首當先有「真定縣」三字。又既言「改曰真定」，則此前當有未改名前秦置東垣縣，甚至更早時期之叙述，此處當有脱漏。

〔五〕國朝爲真定路倚郭縣　依河朔訪古記下條行文，「國朝」後有「因之」二字，則更佳。

〔六〕漢爲藁城　「城」，原作「縣」，文津閣本同，真意堂叢書本、待學樓本、守山閣叢書本、粤雅堂叢書本作「城」。查漢書地理志真定國屬縣有藁城（卷二十八下，中華書局校點本，第一六三二頁），又此條後文亦作藁城，今改爲「城」。

〔七〕爲真定路屬縣　文津閣本、待學樓本有此六字，真意堂叢書本、粤雅堂叢書本則無，守山閣叢書本作「屬真定路」四字。待學樓本注：「以上六字吴本脱。」

〔八〕賓因以欒爲氏　「氏」，守山閣叢書本作「民」，誤。

〔九〕唐改欒氏　「唐改」，真意堂叢書本無，不當。「欒氏」，文津閣本、守山閣叢書本、粵雅堂叢書本同，真意堂叢書本、待學樓本作「欒州」。待學樓本注：「翁本作『欒氏』。貽端桉：唐天祐二年更名欒氏，其時乃屬恒州，不屬趙州。」今按：若作「欒州」，則謂「欒州屬趙州」，文意不暢。查舊唐書地理志鎮州屬縣有欒城，注：「漢關縣，屬常山郡。後魏於關縣古城置欒城縣，屬趙州。大曆三年，割屬恒州。」（卷三十九，中華書局校點本，第一五〇三頁）新唐書地理志鎮州常山郡屬縣有欒城，注：「本隸趙州，大曆三年來屬，天祐二年更名欒氏。」（卷三十九，中華書局校點本，第一〇一五頁）唐大曆三年前欒城縣屬趙州，後屬恒州；天祐二年欒城縣改名爲欒氏，此時仍屬恒州。河朔訪古記此條行文不夠準確，然亦不得改欒氏爲欒州。又此條所云「後屬真定」，循其文意，似當作「後屬鎮州」。欒城（欒氏）縣先屬趙州，後屬鎮州，於文意爲恰。真定爲鎮州所治縣名。

〔一〇〕國朝爲真定路屬縣　「真定」，真意堂叢書本無，不當。「屬縣」前原有「所」字，文津閣本、守山閣叢書本同，真意堂叢書本、待學樓本、粵雅堂叢書本無，更佳，循河朔訪古記他條行文亦無「所」字，今刪。

〔一一〕中山府城中　「中」，文津閣本同，真意堂叢書本、待學樓本、守山閣叢書本、粵雅堂叢書本作「古」。待學樓本注：「翁本作『中』，誤。」今按：河朔訪古記他條中多出現「城中」用詞，當非誤字。

〔一二〕中山府　「府」，文津閣本、真意堂叢書本、待學樓本、守山閣叢書本、粵雅堂叢書本作「唐」。待學樓本注：「翁本作『府』，誤。」今按：作「唐」，則連下爲「唐堯」，此條開頭作「中山府城，古中山，唐堯始封此」，文意雖通，然與史實不甚恰。中山始顯，在春秋時之中山國，「古中山」即指此，亦即此條後文所謂「春秋鮮虞國也，初爲中山」，故不得謂「唐堯始封此」。若作「中山府，堯始封此」，則用元朝當時地名，係陳述禹貢之前一段歷史。加之「城中」

爲河朔訪古記原書習用語，今不取文津閣本、真意堂叢書本、待學樓本等意見。

〔一三〕元魏爲中山郡　「元魏」，守山閣叢書本作「魏」。按：此條前已有「魏」，此處當作「元魏」。

〔一四〕升中山府中山郡　此處當理解爲升中山府爲中山郡。宋史地理志載：「中山府，次府，博陵郡。建隆元年，以易北平並來屬。太平興國初，改定武軍節度使。本定州。慶曆八年，始置定州路安撫使，統定保深祁廣信安肅順安永寧八州。政和三年，升爲府，改賜郡名曰中山。」（卷八十六地理志二河北路「中山府」條，中華書局校點本，第二一二七頁）

〔一五〕以封太子至漢爲盧奴苦陘二縣之地　「至」，待學樓本注：「疑當作『擊』。」則屬上，爲太子之名，更佳。

〔一六〕晉爲趙國　「趙國」，原作「趙州國」，文津閣本同，據真意堂叢書本、待學樓本、守山閣叢書本、粤雅堂叢書本删「州」字。

〔一七〕趙州附郭曰平棘縣　文津閣本、真意堂叢書本、待學樓本、守山閣叢書本、粤雅堂叢書本無「趙州附郭曰」五字。待學樓本注：「翁本首有『趙州附郭曰』五字。」今按：上條謂平棘爲趙州附郭縣，此條末載「國朝爲趙州屬縣倚郭縣」，則謂「趙州附郭曰平棘縣」本無誤。然據河朔訪古記全書體例而言，往往首句相當於條目名，則似以無「趙州附郭曰」五字爲更佳。

〔一八〕漢初屬常山郡　「初」、「郡」，文津閣本無，真意堂叢書本、待學樓本、守山閣叢書本、粤雅堂叢書本有。

〔一九〕晉屬趙國　「趙」，文津閣本、待學樓本、守山閣叢書本、粤雅堂叢書本同，真意堂叢書本作「越」。待學樓本注：「吴本作『越』，誤。」

〔二〇〕後魏爲趙郡治所　「爲」、「所」，文津閣本無，真意堂叢書本、待學樓本、守山閣叢書本、粤雅堂叢書本有。

〔二一〕管仲云　「云」，文津閣本、真意堂叢書本、待學樓本、守山閣叢書本、粵雅堂叢書本作「曰」。

〔二二〕納荀卿于柏人　「荀卿」，真意堂叢書本、待學樓本、粵雅堂叢書本同，文津閣本、守山閣叢書本作「荀寅」。今按：春秋左氏傳哀公四年載：「（十二月）會鮮虞，納荀寅于柏人。」（洪亮吉春秋左傳詁卷二十，李解民點校，中華書局，一九九一年，第八五三頁）則作「荀寅」更佳。

〔二三〕光武即位於縣之五成陌千秋亭　待學樓本「成」下注：「翁本作『城』。」待學樓本「千秋亭」下注：「貽端校：『千秋亭』三字當在『五成陌』上。」

〔二四〕魏改柏仁　「柏」，文津閣本、待學樓本、守山閣叢書本同，真意堂叢書本、粵雅堂叢書本作「陌」。待學樓本注：「吳本作『陌』，誤。」

〔二五〕隋置柏鄉縣于彭水之陰　待學樓本「陰」下注：「桉：舊唐書是『陽』。」

〔二六〕金復爲柏鄉　「金」，原作「今」，據文津閣本、真意堂叢書本、待學樓本、守山閣叢書本、粵雅堂叢書本改。

〔二七〕此條專言柏鄉縣沿革，似條首應先有「柏鄉縣」三字。如此，後文「柏鄉即柏人」方有歸屬。

〔二八〕高三百丈　「三」，文津閣本、守山閣叢書本同，真意堂叢書本、待學樓本、粵雅堂叢書本作「五」。待學樓本注：「翁本作『三』。」

〔二九〕千萬壘　「壘」，原作「疊」，文津閣本作「疊」，據真意堂叢書本、待學樓本、守山閣叢書本、粵雅堂叢書本、福建本改。待學樓本注：「翁本作『疊』。貽端桉：元和郡縣志亦作『疊』，太平寰宇記作『壘』。」「千」，守山閣叢書本、福建本作「十」。守山閣叢書本注：「〇案：原本『十』訛『千』，『壘』訛『疊』，據太平寰宇記改正，下倣此。」今按：元和郡縣圖志卷十七河北道二趙州平棘縣載：「千萬壘，縣南一里。」點校本校勘記引清人張駒賢考證：「欒史作

『十方壘』，是，校者據通志改爲『十萬』，謬矣。」（賀次君點校，中華書局，二〇〇五年，第四八九、五〇四頁）有關此壘之名，可以參考。

〔三〇〕有壁壘曰千萬　「壘」，原作「疊」，據真意堂叢書本、待學樓本、粤雅堂叢書本、守山閣叢書本、福建本改。「千」，真意堂叢書本、待學樓本、粤雅堂叢書本同，守山閣叢書本、福建本作「十」。文津閣本「壘曰千萬」四字處爲空白。

〔三一〕無功而還　「還」，原無，文津閣本、守山閣叢書本同，據真意堂叢書本、待學樓本、粤雅堂叢書本補。

〔三二〕北軍中候朱寵將五營兵屯孟津　「候」，文津閣本、待學樓本、守山閣叢書本、粤雅堂叢書本同，真意堂叢書本、福建本作「侯」。待學樓本注：「吴本作『侯』，誤。」

〔三三〕詔魏郡趙國常山中山繕作塢壘六百十有六所　待學樓本注：「校：後漢書西羌傳云『塢候六百一十六所』，其數正同，而元和志、寰宇記俱云『塢壘六百一十處』，蓋脱下『六』字也。」

〔三四〕巏嵍山　「嵍」，文津閣本、真意堂叢書本、待學樓本、守山閣叢書本、粤雅堂叢書本、福建本作「嶅」。

〔三五〕唐山即古柏人也　「唐山」，文津閣本有，真意堂叢書本、待學樓本、守山閣叢書本、粤雅堂叢書本、福建本無。

〔三六〕巏嵍山　「嵍」，文津閣本、真意堂叢書本、待學樓本、守山閣叢書本、粤雅堂叢書本、福建本作「嶅」。

〔三七〕曰盧水　「曰」，文津閣本、真意堂叢書本、待學樓本、守山閣叢書本、粤雅堂叢書本作「爲」。

〔三八〕盧奴城西北隅　文津閣本、真意堂叢書本、守山閣叢書本、粤雅堂叢書本同，待學樓本「城」後有「内」字。待學樓本注：「吴本、翁本俱脱『内』字，據水經補。」

〔三九〕或曰水黑曰盧　「水黑」，粤雅堂叢書本作「黑水」。

〔四〇〕自漢至燕　「漢」，原無，「自」下注：「原本缺一字。」文津閣本、真意堂叢書本、守山閣叢書本、粵雅堂叢書本同，據待學樓本補。待學樓本注：「『自』字下原注：『原本缺一字。』今據水經注補。」

〔四一〕皆引滱水入城中　「中」，文津閣本同，真意堂叢書本、待學樓本、守山閣叢書本、粵雅堂叢書本無。

〔四二〕涓水東北流注于滱水也　「涓水」，原作「涓涓」，文津閣本、真意堂叢書本、守山閣叢書本、粵雅堂叢書本作「滑滑」，據待學樓本改。待學樓本「涓水」下注：「吴本訛作『滑滑』，翁本訛作『涓涓』，據水經注改。」今按：初輯本翁本作「涓涓」，故底本文淵閣本録作「涓涓」，而文津閣本、文瀾閣本當係又誤「涓涓」爲「滑滑」，源出文瀾閣本之真意堂叢書本等故亦均作「滑滑」。

〔四三〕漢爲苦陘縣　「漢」，原作「滅」，據文津閣本、真意堂叢書本、待學樓本、守山閣叢書本、粵雅堂叢書本改。

〔四四〕至宋康定初　「定」，文津閣本、待學樓本亦有，真意堂叢書本、守山閣叢書本、粵雅堂叢書本無。待學樓本注：「『定』字，吴本脱。」

〔四五〕即古之新市縣也　「之」，文津閣本亦有，真意堂叢書本、待學樓本、守山閣叢書本、粵雅堂叢書本無。待學樓本「古」下注：「翁本有『之』字。」

〔四六〕故其城勢作三曲　文津閣本同，真意堂叢書本、待學樓本、守山閣叢書本、粵雅堂叢書本「作」後有「成」字。待學樓本「成」下注：「翁本無『成』字。」

〔四七〕謚忠穆　待學樓本注：「『忠穆』二字，翁本缺。」

〔四八〕又次文忠　「又」，文津閣本、真意堂叢書本、待學樓本、守山閣叢書本、粵雅堂叢書本無，更佳。

〔四九〕孤介剛毅偏歷臺閣號稱名臣　此十二字，文津閣本、待學樓本有，真意堂叢書本、守山閣叢書本、粵雅堂叢書本無。待學樓本注：「以上十二字，吴本無。」

〔五〇〕謚忠宣　待學樓本注：「貽端桉：元史士選附董文炳傳，其謚則未之載。」

〔五一〕子孫列貴朝寧當代清顯　「列貴朝寧當代」六字，文津閣本、待學樓本有，真意堂叢書本、守山閣叢書本、粵雅堂叢書本無。待學樓本注：「以上六字，吴本無。」

〔五二〕世罕能及　「能及」，文津閣本同，真意堂叢書本、待學樓本、守山閣叢書本、粵雅堂叢書本作「及之者」。待學樓本注：「翁本作『世罕能及』。」

〔五三〕故内翰元文敏公明善　「故」，文津閣本、待學樓本有，真意堂叢書本、守山閣叢書本、粵雅堂叢書本無。待學樓本注：「『故』字，吴本無。」

〔五四〕或曰爲將三世必敗　「必敗」，文津閣本、待學樓本有，真意堂叢書本、守山閣叢書本、粵雅堂叢書本無。待學樓本注：「此二字，吴本無。」

〔五五〕子孫數十百人　「十」，文津閣本、守山閣叢書本同，真意堂叢書本、待學樓本、粵雅堂叢書本作「千」。待學樓本注：「翁本作『十』。」今按：董氏四世若有子孫「數千百人」，其數量太大，當以「數十百人」爲是。

〔五六〕或曰活一人者　「一」，原作「千」，文津閣本同，據真意堂叢書本、待學樓本、守山閣叢書本、粵雅堂叢書本改。待學樓本注：「翁本作『千』。」

〔五七〕龍虎公忠獻公爲大將　「獻」，文津閣本、真意堂叢書本、待學樓本、粵雅堂叢書本同，守山閣叢書本作「顯」。按：河朔訪古記此條前文作「獻」，又元史董文炳傳亦作「獻」（卷一百五十六，中華書局校點本，第三六七四頁），守山閣叢書本誤。「大」，文津閣本、待學樓本、守山閣叢書本、粵雅堂叢書本同，真意堂叢書本作「天」。待學樓本注：「吴本作『天』。」

〔五八〕無慮數十萬人　「十」，文津閣本、守山閣叢書本同，真意堂叢書本、待學樓本、粤雅堂叢書本作「千」。待學樓本注：「翁本作『十』。」

〔五九〕其諸以是爲德歟　「歟」，文津閣本、待學樓本、守山閣叢書本、粤雅堂叢書本作「與」，真意堂叢書本作「興」。待學樓本注：「吴本誤『興』。」

〔六〇〕累請援史張功臣例　「援」，文津閣本、待學樓本、守山閣叢書本、粤雅堂叢書本同，真意堂叢書本作「御」。待學樓本注：「吴本作『御』，翁本作『授』改作『援』，今據改本。」

〔六一〕清河元公之言蓋可信矣　「蓋可信矣」，文津閣本同，真意堂叢書本、待學樓本、粤雅堂叢書本作「益信」，守山閣叢書本作「益可信矣」。又此條「内翰元文敏公明善」以下至「清河元公之言蓋可信矣」，真意堂叢書本、守山閣叢書本、粤雅堂叢書本作小字注文。待學樓本於條末注：「『益信』二字，翁本作『蓋可知矣』。『内翰』已下一百四十六字，吴本旁注，據翁本改作正文。」

〔六二〕南欒鄉城　「鄉」，文津閣本、守山閣叢書本同，真意堂叢書本、待學樓本、粤雅堂叢書本作「故」。待學樓本注：「翁本作『鄉』。」

〔六三〕柏鄉縣南干山言山二山之西也　「干」，原作「千」，文津閣本、真意堂叢書本、守山閣叢書本、粤雅堂叢書本同，據待學樓本改。待學樓本「干」下注：「吴本、翁本俱誤作『千』，今改正。貽端按：詩云『出宿於干，飲餞於言』，是此山也，見太平寰宇記及詩地理考。」「言山」之「山」，原無，據真意堂叢書本、待學樓本、守山閣叢書本、粤雅堂叢書本補。待學樓本「言山」之「山」字下注：「翁本脱『山』字。」

〔六四〕左氏傳曰　「左」，原作「杜」，文津閣本、守山閣叢書本同，據真意堂叢書本、待學樓本、粤雅堂叢書本改。

〔六五〕下作雙門而無棖臬　「下」，待學樓本同，文津閣本、真意堂叢書本、守山閣叢書本、粤雅堂叢書本作「上」。待學樓本注：「吴本作『上』。」今按：此條前文云「上建樓櫓」，此處言及「雙門」，固當作「下」。

〔六六〕優肆倡門酒爐茶竈豪商大賈並集于此　「倡」，文津閣本、真意堂叢書本、待學樓本、守山閣叢書本、粤雅堂叢書本作「娼」。

〔六七〕人民則國朝盡遷于北　「北」，文津閣本、守山閣叢書本同，真意堂叢書本、待學樓本、粤雅堂叢書本作「此」。待學樓本注：「翁本作『北』。」

〔六八〕神像具唐服　「像」，原作「象」，據文津閣本、真意堂叢書本、待學樓本、守山閣叢書本、粤雅堂叢書本改。

〔六九〕惜其遺迹湮没　「湮」，原作「淹」，守山閣叢書本同，據文津閣本、真意堂叢書本、待學樓本、粤雅堂叢書本改。

〔七〇〕望漢臺但一荒丘耳　「丘」，原作「邱」，文津閣本、真意堂叢書本、待學樓本、粤雅堂叢書本同，守山閣叢書本作「丠」，此亦「丘」之諱字（參見孔克齊撰，高林廣、曹慧民、王一格校箋至正直記校箋卷三，上海古籍出版社，二〇二二年，第二九二頁）。按：清人避諱多改「丘」爲「邱」，估計此處原文作「丘」，今改回。

〔七一〕兩堍復各爲兩洞　待學樓本「堍」下注：「貽端桉：浙人謂橋之兩頭低處曰『堍』，音若『拖』。納新居鄞，用方語也，字書無此字。」

〔七二〕纖巧奇絶　「纖」，文津閣本、真意堂叢書本、待學樓本、守山閣叢書本、粤雅堂叢書本作「細」。待學樓本注：「翁本作『纖』。」

〔七三〕有驢足迹四所世傳神仙張果老之迹　「所世」，文津閣本同，真意堂叢書本、待學樓本、守山閣叢書本同，粤雅堂叢書本作「世所」，則「世」連下。

〔七四〕余以當時匠者之戲　「余以」，文津閣本同，真意堂叢書本、待學樓本、守山閣叢書本、粵雅堂叢書本作「或云」。

〔七五〕真定蒲吾人　「蒲」，真意堂叢書本作「藩」，誤。

〔七六〕賜號通玄先生　「玄」，原作「元」，文津閣本、真意堂叢書本、待學樓本同，守山閣叢書本作「玄」缺末筆，係清人避諱改，今改回。

〔七七〕即果所居也　「所」，文津閣本同，真意堂叢書本、待學樓本、守山閣叢書本、粵雅堂叢書本作「老」。待學樓本注：「翁本作『所』。」

〔七八〕元氏縣封龍山龍首峰下　「龍首峰」之「龍」，真意堂叢書本無。今按：本卷前文有「封龍山」條，已述及龍首峰，當有「龍」字。

〔七九〕李公書堂本三所　「書堂」，似當作「讀書堂」。

〔八〇〕東溪者爲浮屠所占　「者」，文津閣本、守山閣叢書本亦有，真意堂叢書本、待學樓本、粵雅堂叢書本無。「爲」字後，真意堂叢書本闕一字。待學樓本「爲」下注：「吴本缺一字，翁本『爲』上有『者』字，下無缺字。」

〔八一〕李文正公治　「治」，原作「治」，文津閣本同，據真意堂叢書本、待學樓本、守山閣叢書本、粵雅堂叢書本改。待學樓本注：「翁本作『治』，誤。」

〔八二〕化童子乘雲而去　文津閣本、真意堂叢書本、待學樓本、守山閣叢書本、粵雅堂叢書本「乘」後有「白」字。待學樓本注：「翁本無『白』字。」

〔八三〕歲時月日　「時」，原作「以」，文津閣本同，據真意堂叢書本、待學樓本、守山閣叢書本、粵雅堂叢書本改。待學樓本注：「翁本作『以』。」今按：此條後文有「歲時」云云。

〔八四〕疏上不報　「上」，守山閣叢書本作「土」，誤。

〔八五〕監禮官薩都剌天錫有詩曰　「薩都剌」，原作「薩都拉」，並有夾注云：「舊作『薩都剌』，今改正。」文津閣本同。此出清人所改，今改回，並删去注文。「剌」，真意堂叢書本、待學樓本、守山閣叢書本、粤雅堂叢書本作「拉」。待學樓本注：「翁本作『剌』。」真意堂叢書本、待學樓本、守山閣叢書本、粤雅堂叢書本「有」字後有「詩詠其事」四字。待學樓本注：「翁本無上四字。貽端桉：雁門集元統乙亥秋集賢學士只兒哈丹奉旨代祀真定路玉華宫余備監禮。」

〔八六〕大禘天香出内宫　「禘」下待學樓本注：「雁門集一本作『帝』。」

〔八七〕一派簫韶起半空　「起」，守山閣叢書本作「超」，誤。

〔八八〕條末待學樓本注：「貽端桉：元史祭祀志：『玉華宫孝思殿在真定，世祖所立。以忌日享祀太上皇、皇太后御容。本路官吏祭奠。延祐四年，始用登歌樂，行三獻禮。七年，太常博士言影堂用太常禮樂非是，制罷之，歲時本處依舊禮致祭。』據此云元永貞疏上不報，及薩詩有『百年禮樂行三獻』之語，是元統時尚用太常禮樂也，元史所云，殆不足信。」

〔八九〕大暦十二年　「暦」，原作「歷」，文津閣本、真意堂叢書本、待學樓本、守山閣叢書本、粤雅堂叢書本同，係清人避諱改，今改回。

〔九〇〕樓栱間有趙閒閒所遺墨迹　「閒閒」，真意堂叢書本、待學樓本、守山閣叢書本、粤雅堂叢書本同，文津閣本作「間間」。

〔九一〕正殿皆石闌環繞　「闌」，文津閣本、守山閣叢書本同，真意堂叢書本、待學樓本、粵雅堂叢書本作「欄」。

〔九二〕鐫刻花木禽獸人物　「花」，文津閣本、守山閣叢書本作「華」。

〔九三〕乃梁王承規集王右軍書也　「梁王承規」下待學樓本注：「貽端桉：梁書有王承、王規，此豈誤衍一字，抑別一人耶？」今按：南朝梁人集王右軍書見於真定，可能性不大，此處似亦可斷作有封「梁王」而名「承規」者，暫且以此標綫。

〔九四〕極妙絶當世　「極」，文津閣本亦有，真意堂叢書本、待學樓本、守山閣叢書本、粵雅堂叢書本無。

〔九五〕在真定路城中　「路」，原作「府」，文津閣本、真意堂叢書本、待學樓本、守山閣叢書本、粵雅堂叢書本同。按：元初一度有真定府建置，廼賢寫作河朔訪古記之元末時則爲真定路建置，又上條作「真定路」，今改爲「路」。

〔九六〕世傳寺本趙王鎔所賜墨君和故宅也　「寺本」，文津閣本、守山閣叢書本同，真意堂叢書本、待學樓本、粵雅堂叢書本作「本寺」。待學樓本注：「翁本二字互易。」今按：作「寺本」行文更爲通暢。

〔九七〕彪塚村高丘一所　「丘」，原作「邱」，真意堂叢書本、待學樓本、粵雅堂叢書本同，文津閣本作「丘」，守山閣叢書本作「丠」，此亦「丘」之諱字，按清人避諱多改「丘」爲「邱」，此處原文當作「丘」，文津閣本係未改盡者，今改回。

〔九八〕宋丞相魏忠獻王韓公琦祠堂存焉　待學樓本「丞相」下注：「翁本作『太師』。」

〔九九〕察其橫不可教者　「可」，文津閣本同，真意堂叢書本、待學樓本、守山閣叢書本、粵雅堂叢書本作「知」。待學樓本注：「翁本作『可』。」

〔一〇〇〕乃傚古兵法　「傚」，文津閣本、守山閣叢書本作「效」，真意堂叢書本作「收」，待學樓本作「傚」，粵雅堂叢書本作「攷」。待學樓本注：「吴本作『收』。」今按：原本當作「效」字，「傚」爲「效」之異體字。

〔一〇一〕永泰二年所立也　「所立也」，文津閣本同，真意堂叢書本、待學樓本、守山閣叢書本、粤雅堂叢書本作「立」。待學樓本注：「翁本作『所立也』。」

〔一〇二〕一在府治西一十步　「治」，文津閣本、真意堂叢書本、待學樓本、守山閣叢書本無，不當。「一十」，文津閣本、守山閣叢書本同，真意堂叢書本、待學樓本、粤雅堂叢書本作「十一」。待學樓本注：「翁本作『一十』。」

〔一〇三〕大曆三年立　「曆」，原作「歷」，文津閣本、真意堂叢書本、待學樓本、守山閣叢書本、粤雅堂叢書本同，係清人避諱改，今改回。

〔一〇四〕常有人掘見云　「人」，文津閣本無，真意堂叢書本、待學樓本、守山閣叢書本、粤雅堂叢書本有。今按：當有「人」字。

〔一〇五〕貞元五年立　「元」，原作「觀」，文津閣本、真意堂叢書本、待學樓本、守山閣叢書本同，粤雅堂叢書本作「元」。按：王武俊舊唐書卷一百四十二、新唐書卷二百十一有傳，生於開元二十三年，卒於貞元十七年，今改作「元」。

〔一〇六〕則郡教授吴特起撰也　「特」，文津閣本同，真意堂叢書本、待學樓本、守山閣叢書本、粤雅堂叢書本作「時」。待學樓本注：「翁本作『特』。」

〔一〇七〕中統二年五月　「五月」，文津閣本、真意堂叢書本、守山閣叢書本、粤雅堂叢書本無，待學樓本有。待學樓本注：「二字吴本脱，據元史及翁本補。」

〔一〇八〕進輔國上將軍　「進」，原無，據文津閣本、真意堂叢書本、待學樓本、守山閣叢書本、粤雅堂叢書本補。

〔一〇九〕公出入將相幾五十年　「幾」，文津閣本、待學樓本、守山閣叢書本亦有，真意堂叢書本、粤雅堂叢書本無。待學樓本注：「『幾』字，吴本脱。」

〔一一〇〕柱石四朝　待學樓本注：「貽端桉：五十年間，所歷不止四朝。下云『壬辰招降老幼』，則在太宗之四年，計自初年拜爵至世祖至元十二年乙亥薨，實得四十餘年，與上文所云『幾五十年』者正合。惟已歷五朝，而此僅云四朝，則未知其故。」

〔一一一〕古之社稷臣也　文津閣本、待學樓本、守山閣叢書本同，真意堂叢書本、粵雅堂叢書本「社稷」後有「之」字。待學樓本「社稷」下注：「吴本有『之』字。」

〔一一二〕嘗同伯顔淮安忠武王統大軍至鄂渚　「伯顔」，文津閣本、真意堂叢書本、待學樓本、守山閣叢書本、粵雅堂叢書本作「巴延」。待學樓本注：「翁本作『伯顔』。」

〔一一三〕以疾召還　「疾」，文津閣本、守山閣叢書本同，真意堂叢書本、待學樓本、粵雅堂叢書本作「病」。

〔一一四〕享年七十有二　「有」，文津閣本、真意堂叢書本、待學樓本、守山閣叢書本、粵雅堂叢書本無。待學樓本「二」下注：「元史本傳作『四』」。

〔一一五〕翰林學士徒單公履撰　「徒單」，文津閣本、真意堂叢書本、待學樓本、守山閣叢書本、粵雅堂叢書本作「圖克坦」。待學樓本注：「翁本作『徒單』。」

〔一一六〕主將欲盡誅郡人　「主」，文津閣本、待學樓本、守山閣叢書本、粵雅堂叢書本同，真意堂叢書本作「王」。待學樓本注：「吴本誤『王』。」

〔一一七〕忍忿含垢　「忍」，文津閣本、待學樓本、守山閣叢書本、粵雅堂叢書本同，真意堂叢書本作「思」。待學樓本注：「吴本誤『思』。」

〔一一八〕將護北渡　待學樓本於「渡」下注：「翁本作『度』。」

〔一一九〕及楊秘監邦基畫　「及」，似當作「乃」，文意方通順，「及」、「乃」二字形近。又按：元人陸友墨史載：「劉法，字彥舉，常山人，善博物。自製墨數品，銘曰『棲神岩造』者，佳品也。楊邦基爲畫墨史圖，一曰入山，二曰起竈，三曰採松，四曰發火，五曰取煤，六曰烹膠，七曰和劑，八曰成造，九曰入灰治刷，十曰磨試。彥矩云初無入山、磨試二事，而成造、入灰、出灰、治刷本四事，楊合爲二，復增入山、磨試，總成十圖云。」（墨史卷下金，景印文淵閣四庫全書第八四三册，第六七三頁）可知劉法墨史圖即楊邦基所畫，非別有楊邦基畫作。

〔一二〇〕字大舉　待學樓本於「大」下注：「貽端桉：集古録作『夫』。」

〔一二一〕漢光和四年常山相馮巡所立　待學樓本注：「貽端桉：隸釋云：『此碑樊子義立，頌末有樊君徹福之句。而讚美舉將馮巡幾二百言，馮君乃常山相也。』據此，則泐石者頌馮，非馮所立也。」

〔一二二〕總望八山而祭于此　「總」，文津閣本、待學樓本、守山閣叢書本、粵雅堂叢書本同，真意堂叢書本作「繼」。待學樓本注：「吴本誤『繼』。」

〔一二三〕下及走卒　待學樓本於「卒」下注：「翁本誤『率』。」

〔一二四〕有唐蔡有鄰隸書盧舍那珉像一通　待學樓本注：「貽端桉：集古録目：『唐盧舍那珉像碑，唐趙偎撰。珉像，定州刺史張嘉貞所造，以開元十六年二月立。』」

〔一二五〕韓擇木史惟則世傳頗多　「惟」，文津閣本、真意堂叢書本、待學樓本、守山閣叢書本、粵雅堂叢書本作「維」。按：開元二十四年史氏書丹大智禪師墓碑署作「史惟則」〔拓影載張異賓、柯君恒主編，楊曉春執行主編南京大學珍藏金石拓本（一），科學出版社，二〇一五年，第一五四頁〕，則當作「惟」。

〔一二六〕慶曆中　「曆」，原作「歷」，文津閣本、真意堂叢書本、待學樓本、守山閣叢書本、粵雅堂叢書本同，係清人避諱改，今改回。

〔一二七〕又云其碑石刻在中山府城中　循此條行文，此句仍當爲歐陽修集古録跋尾中語，查原書卷六「唐蔡有鄰盧舍那珉像碑」條云：「慶曆中，今昭文韓公在定州，爲余得此本。」（歐陽修全集，下册，中國書店，一九九五年，第一一六九頁）則係河朔訪古記引用集古録跋尾大意，故不加引號。又按慶曆八年始置定州路安撫使，政和三年升爲中山府（參見本卷校勘記前引宋史地理志），則宋元均設中山府，而歐陽修行文中用當時之「定州」，迺賢行文中用當時之「中山府」。

〔一二八〕一時貴尚摹搨　「搨」，真意堂叢書本作「揭」，誤。待學樓本注：「吴本誤『揭』。」

〔一二九〕惟禁中石本獨完善　待學樓本於「惟」下注：「『惟』字翁本脱。」

〔一三〇〕北至殺胡林而死　「胡」，原作「狐」，文津閣本、待學樓本作「胡」，真意堂叢書本、守山閣叢書本、粤雅堂叢書本作「虎」。待學樓本注：「吴本誤『虎』。」今按：待學樓本似據翁本，而四庫全書鈔本或改作「狐」，或改作「虎」，姑改回「胡」。又此一地名，傳世文獻作「狐」、「虎」、「胡」者均有。

〔一三一〕慶曆中　「曆」，原作「歷」，真意堂叢書本、待學樓本、守山閣叢書本、粤雅堂叢書本同，係清人避諱改，今改回。

〔一三二〕非故舊不得□　「□」，原無，文津閣本、待學樓本、粤雅堂叢書本同，真意堂叢書本、守山閣叢書本作「□」。待學樓本注：「此下吴本缺一字，翁本無。」今按：當有一字，如「覩」、「見」之類，文意方足，據真意堂叢書本等補「□」。

〔一三三〕遂于古刻湍流帶左右五字各刻損二筆爲記　「左右」，文津閣本、真意堂叢書本、守山閣叢書本同，待學樓本、粤雅堂叢書本作「右天」。待學樓本注：「『右天』，本皆誤作『左右』，據蘭亭考改。」

〔一三四〕或謂古蹟仰字如鍼眼　「仰」，真意堂叢書本作「邵」，誤。待學樓本注：「吴本誤『邵』。」

〔一三五〕作漢隸書　文津閣本、守山閣叢書本同，真意堂叢書本、待學樓本、粤雅堂叢書本無「書」字。待學樓本注：「翁本有『書』字。」

〔一三六〕城西有耿鄉　「西有」，文津閣本、待學樓本、守山閣叢書本同，真意堂叢書本作「□有□」，粤雅堂叢書本作「西有□」。待學樓本「西」下注：「『西』字吴本缺。」待學樓本「有」下注：「『有』字下吴本缺一字。」

〔一三七〕漢光武封純爲侯國　「爲」，文津閣本、待學樓本、守山閣叢書本、粤雅堂叢書本同，真意堂叢書本作「薦」。待學樓本注：「吴本誤『薦』。」

〔一三八〕袁術立　「袁」，原作「元」，文津閣本同，據真意堂叢書本、待學樓本、守山閣叢書本、粤雅堂叢書本改。

〔一三九〕此即高祖動心不宿之地也　「動心」，真意堂叢書本作「勤必」，誤。待學樓本注：「吴本誤作『勤必』。」

〔一四〇〕唐會昌間　「間」，真意堂叢書本作「門」，誤。待學樓本注：「吴本作『門』，誤。」

〔一四一〕潞州進士張瓌製文　「瓌」，文津閣本、待學樓本、守山閣叢書本同，真意堂叢書本、粤雅堂叢書本、福建本作「環」。待學樓本「瓌」下注：「吴本誤『環』。」

〔一四二〕鄉村皆願識將軍　「鄉村」，原作「卿材」，文津閣本、真意堂叢書本、守山閣叢書本、粤雅堂叢書本同，據待學樓本改。待學樓本「鄉村」下注：「吴本誤作『卿材』。」

〔一四三〕白酒不酤誰犯禁　「酤」，文津閣本、真意堂叢書本、待學樓本、守山閣叢書本、粤雅堂叢書本作「沽」。

〔一四四〕問耆撫幼非干譽　「干譽」，文津閣本、待學樓本、守山閣叢書本同，真意堂叢書本、粤雅堂叢書作「千舉」。待學樓本注：「吴本誤『千舉』。」

〔一四五〕止社停巫豈慢神　「社」，待學樓本、守山閣叢書本同，文津閣本作「祝」，真意堂叢書本、粵雅堂叢書本作「祉」。待學樓本注：「吴本誤『祉』。」

〔一四六〕傳中但云登山　「傳」，真意堂叢書本作「傅」，誤。待學樓本注：「吴本誤『傅』。」待學樓本「中」下注：「翁本無此字。」

〔一四七〕而不言刻石　「刻石」，文津閣本、待學樓本、守山閣叢書本同，真意堂叢書本、粵雅堂叢書本作「石刻」。待學樓本注：「吴本作『石刻』。」

〔一四八〕土人謂壇山爲馬蹬山　「蹬」，文津閣本、真意堂叢書本、待學樓本、守山閣叢書本作「蹬」，粵雅堂叢書本、福建本作「鐙」。待學樓本注：「翁本作『蹬』，下文類『蹬』字，吴本同。貽端校：集古録此亦作『蹬』。」

〔一四九〕以其巳字之形類蹬也　「蹬」，真意堂叢書本、待學樓本、守山閣叢書本同，文津閣本作「蹬」，粵雅堂叢書本、福建本作「鐙」。待學樓本於此句下注：「又校：集古録作『以』，其『ㄹ』字形類也。」

〔一五〇〕自亳移鎮鎮陽　「亳」，真意堂叢書本作「毫」，誤。待學樓本注：「吴本誤『毫』。」

〔一五一〕文廟内　「内」，文津閣本、待學樓本、守山閣叢書本、粵雅堂叢書本同，真意堂叢書本作「□」。待學樓本注：「『内』字吴本脱。」

〔一五二〕天章閣待制楊畋嘗爲余言　「畋」，文津閣本、待學樓本、守山閣叢書本、粵雅堂叢書本同，真意堂叢書本作「吹」。待學樓本注：「吴本誤『吹』。」「爲」，待學樓本同，文津閣本、真意堂叢書本、守山閣叢書本、粵雅堂叢書本作「謂」。待學樓本注：「吴本誤『謂』。」

〔一五三〕不載書撰名字碑首題云　守山閣叢書本「字碑」倒誤爲「碑字」字，文瀾閣補鈔本同。

〔一五四〕大隋恒山郡九門令鉗耳清德之頌　待學樓本「九門」後有「縣」字，並注：「本皆脱此字，據集古録補。」

〔一五五〕君名徹　待學樓本「名」後有「文」字，並注：「本皆脱此字，據集古録補。」許畹重刊河朔訪古記叙云：「『鉗耳府君碑』下云君名文徹，曾祖静，馮翊太守，父康，周荆、安、寧、鄧四州總管别駕。『徹』上本皆脱『文』字，校據集古録補。桉元和姓纂後魏馮翊太守箝耳静，孫康買，周御伯大夫、聘梁使，生文舉、文固，箝耳世系與此相符，則『徹』上脱『文』字，更有文舉、文固兄弟行可證。惟所云父康，歷官不同，未知即康買否。或伯叔康下當亦脱一字，蓋集古録舊有脱誤，相沿而不察耳。」

〔一五六〕安陸龍門二郡守　「安陸」，原無，文津閣本、真意堂叢書本、守山閣叢書本、粤雅堂叢書本同，據待學樓本補。待學樓本注：「本皆脱此二字，據集古録補。」

〔一五七〕守山閣叢書本此條連上條爲一條，不當。蓋因所據文瀾閣本前一條足行之故，現存文津閣本、文淵閣本均如此。

〔一五八〕有隋李康清德頌碑一通　「康」，原作「康成」，文津閣本同，真意堂叢書本、守山閣叢書本、粤雅堂叢書本作「康城」，待學樓本作「康」，据待學樓本删「成」字。待學樓本「康」下注：「吴本『康』下有『城』字，翁本作『成』。桉集古録無此字，今删。」今按：下文正作「康」。

〔一五九〕康　真意堂叢書本、待學樓本、守山閣叢書本、粤雅堂叢書本同，文津閣本作「康成」。文津閣本此行增一字而爲二十二字，懷疑根據前文作「康成」而臆補一「成」字，所據之本本同文淵閣等作「康」。而作「康成」實乃有誤，參見上一條校勘記。

〔一六〇〕大中都督　「大」，文津閣本、真意堂叢書本、守山閣叢書本、粤雅堂叢書本同，待學樓本作「太」。又待學樓本

「中」後有「帥」字，並注：「本皆無此字，據集古録補。」

〔一六一〕字多訛闕　「訛」，真意堂叢書本作「説」，誤。待學樓本注：「吴本誤『説』。」

〔一六二〕而於此併記之　「於」，文津閣本、真意堂叢書本、待學樓本、守山閣叢書本、粤雅堂叢書本作「見」。待學樓本注：「翁本作『于』。」今按：作「見」似不當。

〔一六三〕浮圖碑一通　「浮圖」，真意堂叢書本作「淳國」，誤。待學樓本注：「吴本作『淳國』，誤。」

〔一六四〕唐應詔四科舉董行思撰文　「應」，文津閣本、待學樓本、守山閣叢書本、粤雅堂叢書本同，真意堂叢書本作「德」。待學樓本注：「吴本作『德』，誤。」「思」，待學樓本同，文津閣本、真意堂叢書本、守山閣叢書本、粤雅堂叢書本作「文」，待學樓本注：「吴本作『文』，誤。」

〔一六五〕清河傅德節書　「德節」，文津閣本、待學樓本、守山閣叢書本作「節德」，真意堂叢書本、粤雅堂叢書本作「節得」。待學樓本於「德」下注：「吴本作『得』，誤。」

〔一六六〕唐高宗上元三年歲在丙子建浮圖　待學樓本「丙子」下注：「貽端桉：高宗上元三年改爲儀鳳元年，所云『歲在丙子』即是年也。而碑書上元三年，蓋改元在十一月，此立於未改之前耳。」

〔一六七〕在智矩寺　「矩」，文津閣本、待學樓本、守山閣叢書本同，真意堂叢書本、粤雅堂叢書本作「短」，誤。待學樓本注：「吴本作『短』，誤。」

〔一六八〕王爲母築宮爲樂里以居之　後一「爲」字，文津閣本同，真意堂叢書本、待學樓本、守山閣叢書本、粤雅堂叢書本作「于」。待學樓本注：「翁本作『爲』。」今按：此條後文云「名其居曰『樂里』」，則中山孝王築宮之前並無「樂里」之名，作「爲」似較作「于」爲佳。

〔一六九〕昭儀在元帝時有當熊之功　文津閣本、真意堂叢書本、待學樓本、守山閣叢書本、粵雅堂叢書本「元帝」後有「之」字。待學樓本注：「翁本無『之』字。『元帝』上有『孝』字。」「熊」，真意堂叢書本作「然」，誤。待學樓本注：「吴本誤『然』。」

〔一七〇〕賜御服鼓吹鹵簿　待學樓本注：「貽端桉：成帝議立太子，孔光以中山王元帝之子，宜爲。後成帝立哀帝爲太子，乃封孝王舅馮參爲宜鄉侯，而益封孝王萬户，以尉其意。優其舅，而況其母乎？御服、鼓吹之賜，蓋在是時，亦所以尉其意耳，非必有功而然也。」

〔一七一〕十二月□□早　「□□」，原作注文：「原本缺二字。」文津閣本、真意堂叢書本、待學樓本、守山閣叢書本、粵雅堂叢書本同，今改，以便統一並醒目。

〔一七二〕即漢中山哀王憲王之陵　「之」，文津閣本、守山閣叢書本同，真意堂叢書本、待學樓本、粵雅堂叢書本作「二」。待學樓本注：「翁本作『之』。」

〔一七三〕東經京丘　「經」，原作「注」，文津閣本、守山閣叢書本、粵雅堂叢書本同，真意堂叢書本作「經」，待學樓本作「逕」。待學樓本注：「吴本作『經』，翁本作『注』，據寰宇記及水經注改。」今按：作「注」，於文意不通。查太平寰宇記引水經注作「經」（卷六十二河北道定州，王文楚等點校，中華書局，二〇〇七年，第一二七〇頁），據之改作「經」。「丘」，原作「邱」，真意堂叢書本、待學樓本、守山閣叢書本、粵雅堂叢書本同，文津閣本作「丘」，又查太平寰宇記作「丘」，「邱」係清人避諱改，今改回。

〔一七四〕岸上有哀王憲王二陵　待學樓本注：「貽端桉：自『東逕』至此，皆寰宇記節引水經注文。考水經注：『滱水又東逕京邱北，世謂之京陵，南對漢中山頃王陵。北對君子岸，岸上有哀王子憲王陵。滱水又東逕白土北，南即靖王子康王陵。三墳並列者是。』據此，云頃王陵、康王陵與哀王陵也，彼此不同。或水經注舊本有異，或寰宇記轉寫之訛，皆未可知也。」

〔一七五〕今皆不可考矣　待學樓本注：「校：寰宇記引隋圖經，又有趙惠文王陵、簡王、哀王陵。」

〔一七六〕爲漢蒲關侯柴武之墓也　「漢」，真意堂叢書本作「演」，誤。待學樓本注：「吳本誤『演』。」待學樓本「蒲關」下注：「當作『棘蒲』。」

〔一七七〕並葬於塚側　「並」，文津閣本、守山閣叢書本、粵雅堂叢書本同，真意堂叢書本、待學樓本作「死」。

〔一七八〕今臺塚亦漢制也　「臺塚」，似當作「塚」或「塚臺」。

〔一七九〕古常山城下冶河之濱　「冶」，文津閣本、待學樓本同，真意堂叢書本、守山閣叢書本、粵雅堂叢書本作「治」。待學樓本注：「吳本誤『治』。貽端桉：冶河一名甘淘河。」

〔一八〇〕昔浚冶河發古塚　「冶」，文津閣本、待學樓本同。真意堂叢書本、粵雅堂叢書本作「治」，守山閣叢書本作「沿」。待學樓本注：「吳本又誤『治』。」守山閣叢書本亦誤。

〔一八一〕時燕南憲掾孫茂先見其事　「憲」，原無，據文津閣本、真意堂叢書本、待學樓本、守山閣叢書本、粵雅堂叢書本補。

〔一八二〕案　文津閣本、真意堂叢書本、待學樓本、守山閣叢書本、粵雅堂叢書本作「按」。

〔一八三〕侯嘗破五校于真定　「校」，文津閣本、待學樓本、守山閣叢書本、粵雅堂叢書本同，真意堂叢書本作「枝」。待學樓本注：「吳本誤『枝』。」

〔一八四〕辨論埋銘之原　「銘」，文津閣本、待學樓本、守山閣叢書本同，真意堂叢書本、粵雅堂叢書本作「名」。待學樓本

注：「吴本誤『名』。」

〔一八五〕以爲自漢明帝時都尉路君墓闕始　「闕」，文津閣本、待學樓本、守山閣叢書本同，真意堂叢書本、粤雅堂叢書本作「門」。待學樓本注：「吴本誤『門』。」

〔一八六〕楊君字士杰　「士杰」，文津閣本、待學樓本、守山閣叢書本作「士烋」，守山閣叢書本作「士杰」，真意堂叢書本作「兼□□」，則連下文可作「楊君字兼□，□郡人」，粤雅堂叢書本作「杰□□」。待學樓本注：「吴本『字』字下有『兼』字，『士杰』二字缺。」則其正文作「烋」與注文作「杰」又不同。

〔一八七〕歘歷館閣　「歘」，真意堂叢書本作「歘」，誤。待學樓本注：「吴本誤『歘』。」

〔一八八〕在新樂縣東南十五里曲都村　待學樓本「東南」下注：「翁本有『一』字。」「都」，待學樓本、守山閣叢書本同，真意堂叢書本、粤雅堂叢書本作「郡」。待學樓本作注：「吴本誤『郡』。」

〔一八九〕典尉六人　待學樓本「尉」下注：「桉：集古録作『衛』。」

〔一九〇〕城局廟長學官各一人　「官」，文津閣本、待學樓本、守山閣叢書本同，真意堂叢書本、粤雅堂叢書本作「長」。待學樓本注：「吴本作誤『長』。」今按：待學樓本注中「作」字當衍。

〔一九一〕有褚先生墓　「褚」，原作「褚」，文津閣本同，真意堂叢書本、待學樓本、守山閣叢書本、粤雅堂叢書本作「褚」，「褚」爲「褚」之訛字，今改作「褚」。本條下一例同改。

〔一九二〕墓上小碣一通　「上」，文津閣本同，真意堂叢書本、待學樓本、守山閣叢書本、粤雅堂叢書本作「下」。今按：小碣在墓下則不可見，當作「上」，小碣即墓上小碑也。「通」，待學樓本、粤雅堂叢書本同，文津閣本、真意堂叢書本、守山閣叢書本作「道」。待學樓本注：「吴本誤『道』。」

〔一九三〕先生姓褚氏　「姓」，真意堂叢書本、粵雅堂叢書本無，文津閣本、待學樓本、守山閣叢書本有。待學樓本注：「吴本脱此字。」

〔一九四〕宋宣和六年擢第　「六」，原作「二」，文津閣本、真意堂叢書本、守山閣叢書本、粵雅堂叢書本同，據待學樓本改。待學樓本注：「本皆作『二』，據金史改。」

〔一九五〕策目以　「目」，文津閣本、守山閣叢書本同，真意堂叢書本、待學樓本、粵雅堂叢書本作「曰」，待學樓本注：「翁本作『目』。」今按：中州集卷四常山周先生昂小傳載：「昂字德卿，真定人。父伯禄，字天錫，師事玄真先生褚承亮。承亮字茂先，宣和六年擢弟，調易州户曹。會皇子郎君破真定，拘境内進士七十三人，赴安國寺試策。策目『上皇不道，少主失信』，舉人希旨，極口毁詆。茂先離席，揖主文劉侍中言：『君父之過，豈臣子所當言？』長揖而出，劉爲之動容。比牓除，茂先被黜，餘悉放弟，狀元許必輦自號『七十二賢牓』。帥府重其名，檄茂先以易州司户知槀城，漫一應之，尋解印去。年七十終，弟子謚爲『玄真先生』。」（元好問翰苑英華中州集丁集，四部叢刊影上海涵芬樓景印誦芬室景元刊本，第一葉）中州集所載當出自河朔訪古記此條所載之墓碑，則作「目」爲是。

〔一九六〕狀元許必輩自號七十二賢牓　「輩」，真意堂叢書本作「輦」，誤。待學樓本注：「本皆誤『輦』，據金史改。」

〔一九七〕因私謚曰玄貞先生云　「玄」，原作「元」，文津閣本、真意堂叢書本、待學樓本、守山閣叢書本、粵雅堂叢書本同，係清人避諱改，今改回。

〔一九八〕十二月蚤　「蚤」，文津閣本、守山閣叢書本同，真意堂叢書本、待學樓本、粵雅堂叢書本作「早」。

〔一九九〕元故僉浙東海右道肅政廉訪司事甄君之墓　「右」，待學樓本同，文津閣本、真意堂叢書本、守山閣叢書本、粵雅堂叢書本作「左」。待學樓本注：「吴本作『左』，誤，據翁本及滋溪文稿改。」

〔二〇〇〕比入大統　「入」，文津閣本、真意堂叢書本、待學樓本、守山閣叢書本、粵雅堂叢書本作「紹」。待學樓本注：「翁本作『入』。」

〔二〇一〕至元元年九月十八日　待學樓本注：「『十八日』，滋溪文稿作『六日』。」

〔二〇二〕君在廣西　「在」，文津閣本、守山閣叢書本同，真意堂叢書本、待學樓本、粵雅堂叢書本作「任」。待學樓本注：「翁本作『在』。」今按：以作「在」爲佳。

〔二〇三〕又賜緡錢五千貫　「千」，原作「十」，據文津閣本、真意堂叢書本、待學樓本、守山閣叢書本、粵雅堂叢書本改。待學樓本注：「『緡錢五千貫』，滋溪文稿作『楮幣五千緡』。」

〔二〇四〕今余自海上歸南陽　「余」，文津閣本、真意堂叢書本、待學樓本、守山閣叢書本、粵雅堂叢書本作「予」。

〔二〇五〕而余栖遲草萊　「余」，文津閣本、守山閣叢書本同，真意堂叢書本、待學樓本、粵雅堂叢書本作「予」。

〔二〇六〕居廬人畜盡壓没　「居」，文津閣本同，真意堂叢書本、待學樓本、守山閣叢書本、粵雅堂叢書本作「車」。

〔二〇七〕民皆枕藉相食　「藉」，真意堂叢書本、待學樓本、粵雅堂叢書本同，文津閣本、守山閣叢書本作「籍」。

〔二〇八〕敭歷臺閣　「敭」，守山閣叢書本、粵雅堂叢書本同，真意堂叢書本作「歇」，文津閣本、待學樓本作「敭」。待學樓本注：「吴本誤『歇』。」

〔二〇九〕選爲京畿奉使宣撫　待學樓本注：「貽端桉：史云出爲山東廉訪使，尋召還充此職。」

〔二一〇〕十二月大雪留新城不得發　如此行文，似可推測原書紀月後當有紀日。

〔二一一〕至暮稍晴　「暮」，文津閣本、待學樓本、守山閣叢書本同，真意堂叢書本、粵雅堂叢書本作「墓」，誤。待學樓本注：「吴本誤『墓』。」

〔二二〕故碑蓋則大篆其題目　「大」，文津閣本、待學樓本、守山閣叢書本、粵雅堂叢書本同，真意堂叢書本作「太」。待學樓本注：「吳本誤『太』。」

〔二三〕藁城縣東南二十里　「藁城」，守山閣叢書本作「欒城」，誤。

〔二四〕復拜右丞卒　「拜」，真意堂叢書本、粵雅堂叢書本無，文津閣本、待學樓本、守山閣叢書本有。待學樓本注：「『拜』字吳本脱。」

〔二五〕金進士及第　待學樓本注：「貽端桉：金史擢承安二年經義進士，未云及第。」

〔二六〕後登泰山　「泰」，文津閣本、守山閣叢書本同，真意堂叢書本、待學樓本、粵雅堂叢書本作「太」。

〔二七〕有慵軒集及經史諸書辯疑行世　待學樓本「慵軒」下注：「桉：金史若虚所著文章號慵夫集、滹南遺老集，『慵軒』當作『慵夫』。」

卷中　魏郡部

63 魏郡部彰德路。禹貢冀州之域。商河亶甲居於此。戰國爲魏之鄴地。秦爲上黨、邯鄲二郡地。漢置魏郡。曹操受封於此，稱鄴都。後趙石虎、前燕慕容儁並據之。後魏曰相州。東魏曰司州。北齊改爲清都郡。唐曰相州，又改鄴郡。梁置昭德軍，石晉改彰德軍。〔一〕金升爲彰德府。國朝先屬真定路，後改彰德路，立總管府，領司一，縣三：安陽、湯陰、臨漳，〔二〕州一：林州。

64 彰德路城中。宋隸安陽縣。國朝置録事司以領之，城之外，仍屬安陽縣。城郭周十九里，總管府、録事司治及安陽縣治，皆在城内焉。

65 安陽縣。春秋爲戲陽。戰國爲魏寧新中邑。秦更名安陽。漢廢，以其地入蕩陰，屬河内郡。魏併入鄴。晉置安陽，屬魏郡。後周移相州及鄴縣於安陽故城，治此。隋復曰安陽，尋改堯城，屬魏郡。唐以安陽爲相州治，改堯城曰永定。宋改永定爲永和，尋省入安陽，及省鄴縣，分其地半入焉。宋、金皆曰安陽縣。國朝因之，爲彰德路倚郭縣。

66 湯陰縣。古羑里之地。戰國爲魏之蕩陰邑。漢置蕩陰縣，〔三〕屬河内郡。晉屬魏郡。後魏省。隋改蕩源縣，大業二年省。唐初，分安陽縣地入蕩源，〔四〕屬衛州；貞觀元年，以蕩水微温，改爲湯陰縣，屬相州。宋、金、國朝皆因之，爲彰德路屬縣云。

67 臨漳縣。本漢鄴縣地。晉建興二年，以愍帝諱改名臨漳。東魏孝静置鄴縣於今鄴鎮，又别置臨漳縣。周武帝平齊，自鄴城移縣於今治，仍屬魏郡。隋開皇三年，改隸相州；十年，分縣地置長樂縣；大業十年，始築縣城。暨唐及宋、金，皆爲臨漳縣。國朝因之，爲彰德路屬縣云。

68 林州。漢置隆慮縣。東漢改「隆」爲「林」。隋析置淇陽縣，〔五〕後改置巖州。〔六〕金爲林州。國朝至元二年，復爲縣，又併輔巖入焉，〔七〕未幾復爲州，割輔巖入安陽，仍以州隸彰德路。

69 磁州。禹貢冀州之域。春秋屬晉。戰國屬趙。秦爲邯鄲郡地。漢爲魏郡、趙國地。晉爲廣平郡地。後周置成安郡。隋置磁州。唐天祐改惠州，尋復磁州。宋曰滏陽郡。〔八〕金以隸彰德。國朝屬廣平路，領縣四，曰滏陽、邯鄲、武安、成安。

70 滏陽縣。漢爲武安縣地。魏置臨水縣，屬廣平郡。後周置滏陽縣，屬成安郡。隋置磁州，治於此。唐、宋、金並因之。本朝爲磁州倚郭屬縣。案：〔九〕磁州滏陽縣，惟金以之隸彰德，元本屬廣平路。蓋是書爲記遊覽古而作，路經滏陽，〔一〇〕歷記所見，實未徧歷洺邢也，〔一一〕故附見於彰德路云。

71黄華谷天平山。彰德之西九十里，曰林州，即古林慮縣也。州西北二十里，曰黄華谷，〔一二〕谷多秋菊，故名。昔金翰林學士熊岳王公庭筠、子端，嘗隱居谷中，〔一三〕號「黄華山主」，〔一四〕所居曰「讀書巖」。公文章、書法高出流輩，字學米元章，墨竹類文湖州，金章宗所謂「昔人君子」者也。谷之西南，諸峰峭拔奇秀，林木陰翳，仙宫佛廟，金碧輝映，巖崖泉石，名號百什，不可窮紀。其迸珠簾、桃花巖者，不減天台、赤城之勝。其最知名者，谷南之天平山洪谷寺也。洪谷暮夜，〔一五〕陰崖石壁間，燦然作金光若燈火，神幻不可致詰。〔一六〕前賢多作歌詩以紀，曰金燈集。〔一七〕

72安陽縣北三十里，臨漳縣南十五里，鄴鎮之西曰蔡村，有濁流奔崩，〔一八〕俗謂之漳河也。禹貢曰：「覃懷底績，至於衡漳。」水經云：「濁漳之源，出晉寧路長子縣西，〔一九〕發鳩山東北，流過壺關、屯留、潞縣，合衆山之水，其流始大。又東過武安縣，有清漳水，自涉縣東南來注之，其水合流，謂之『交漳口』。清漳，源出上黨沾縣大黽谷東北，過磁州武安，與濁漳合。遂東過鄴縣西，又東過三户津，又東北過洺州曲周、平恩二縣，又東北過冀州，又東北過景州東光縣弓高鎮，又東北過瀛州樂壽縣景城鎮，又東北過平舒縣而入於海」云。漳水自出山至入海，凡行一千六百八十里。按史記：「魏文侯時，使西門豹爲鄴令，豹即發民鑿十二渠，引漳水溉民田，民皆煩苦。豹曰：『民可與樂成，不可與慮始。今雖患苦，百歲後，期令父老子孫思我言。』民後果得其利，至今鄴人祠祭不絕。」又西漢書：〔二〇〕「文侯曾孫襄王，嘗與群臣飲酒祝曰：〔二一〕『令吾臣皆如西門豹之爲人臣也。』史起進曰：『魏氏之行田也以百畝，鄴獨二百畝，是田惡也。〔二二〕漳水在傍，〔二三〕豹不知用，是不智也；知而不興，〔二四〕是不仁也。仁智未盡，豹何足法？』於是襄王使起爲鄴令，遂引漳水溉田。堨水東注，〔二五〕號『天井堰』，三十里中作十二墱，〔二六〕墱相去三百步，使互灌注，〔二七〕一源分十二流，〔二八〕皆懸水門，〔二九〕鄴人名曰『晏陂澤』。〔三〇〕河内之民，以致殷富，民歌之曰：『鄴有賢令兮，曰史公。決漳水兮，灌鄴傍。〔三一〕終古舃鹵兮，〔三二〕生稻粱。』」今史、漢所載，二説不同，予疑當時豹嘗鑿渠，〔三三〕而後湮廢，至起紹修，故民歌之，今併録焉。十二月蚤，〔三四〕出彰德北門，至蔡村，西行三十里，陿處作土橋以渡。時漳水退縮，〔三五〕層冰峩峩，逐流東下。土人云：「春夏水漲，至與岸平，闊可數里，號『小黃河』。」又曰：「水傍多石子，〔三六〕俗傳可以暖腹。又有紋石，濱河之民取以爲器貨之。」

73 安陽橋。在安陽縣北五里，橋下即洹水也。洹水出上黨泫氏縣洹山，〔三七〕山在長子縣。東過隆慮縣北，黃水注之。又東北出山，連逕殷墟東北，過鄴城南，謂之新河。又東逕安陽故城東，過内黃縣，北入於白溝云。春秋左氏傳言：「聲伯夢涉洹水。」杜預注曰：「洹水，出汲郡林慮縣。」李宗諤以此説爲然，遂言：「洹水源出林慮西北，平地湧出，初甚微細，東流九十里至安陽縣界，泉脉漸大。又曲而東北，入大名府洹水縣界。」今按水經所言，泫氏在澤州高平縣西，〔三八〕並無洹水。蓋縣邑遷改不常，故酈元所記有同異耳。〔三九〕予嘗觀許敬宗論禹貢：〔四〇〕「導沇水，〔四一〕東流爲濟，入于河，溢爲滎。」〔四二〕其説甚詳。蓋天下之水，無有不發源於山，其有自平地出者，皆洑流再發也。且濟水之源，出王屋山之顛，洑流至平地再出，即今濟源縣濟瀆廟泉是也。今李宗諤第見洹水初起林慮，〔四三〕遂以水經所記爲異，殊不知林慮乃洑流再發也。吕忱字林、〔四四〕許慎説文皆云：「洹水，出晉魯之間。」〔四五〕又言：「林慮黄水，〔四六〕發源神囷之山谷，東流至谷口，潛入於地下，東北十里復出於柳渚。」然則，洹水洑流至林慮再出，蓋可信矣。

74 蕩水。出湯陰縣西石尚山。案：太平寰宇記作牟山。〔四七〕東流經縣故城，縣因水以取名。又東北至内黄縣，入於黄澤。唐貞觀元年，改爲湯陰，〔四八〕以其水微温也。

75 羑水。在羑里北二里，有橋曰羑橋，橋下即羑水也。水經曰：「羑水，出湯陰縣西北四十里西山韓大牛泉。〔四九〕東經羑城之北，〔五〇〕積水成淵，方十餘步，深一丈餘。又東至内黄縣，與防水會。〔五一〕又東歷黄澤，而入蕩水」云。

76 宜師溝。在湯陰縣西南三十五里宜師站。又，在縣西南二十七里，又有宜師橋在站側。

77 鄴宮。元帝禪晉，晉常館帝於此。光熙元年夏五月，馬牧帥汲桑叛，敗魏郡太守馮嵩，〔五二〕遂陷鄴城，燒宮，旬月烟燄不滅。〔五三〕曹魏之殿閣，〔五四〕蓋於此時盡矣。至石勒，將營鄴宮，以廷尉續咸、尚書令徐光切諫而止。〔五五〕後因霖雨，中山西北暴水漂巨木百餘萬株，集於堂陽，勒大悅，謂公卿曰：「諸君知此非爲灾也，天意欲吾營鄴宮耳。」於是，令都水使者張漸、少府任汪等監營，勒親授規矩而建焉。

78 鄴都南城。在鎮東南三里半。〔五六〕按：魏孝文太和十八年，〔五七〕自雲中還都洛陽，經鄴宮，留數日。臨引軍發，懸飯一瓢於城門上而去。尚書崔光語人曰：「掛飯者，懸殆也。後世玄孫必興於此矣。」〔五八〕至孝武永熙三年，高歡逼帝西入關，乃立清河王亶之子善見於洛陽東北，改元天平，以十月丙子車駕北遷於鄴。〔五九〕十一月庚寅至鄴，居北城，改相州爲司州牧，以魏郡林慮、廣平、陽丘、汲郡、黎陽、東濮、清河、廣宗等爲皇畿。〔六〇〕於城東置臨漳縣，城西置鄴縣，城東北置成安縣。〔六一〕臨漳三百鄉，鄴縣五百鄉，成安二百五十鄉。二年八月，發衆七萬六千營新宮。〔六二〕元象元年九月，發畿内十萬人城鄴，四十日罷。二年，〔六三〕帝徙御新宮，即南城也。又鄴中記云：「城東西六里，南北八里六十步。高歡以北城窄隘，故令僕射高隆之更築此城。掘得神龜，大踰方丈，其堵堞之狀，咸以龜象焉。」按北史高隆之傳云：〔六四〕「隆之領營構大將，以十萬夫撤洛陽宮殿，運於鄴，構營之制皆委隆之。〔六五〕增築南城，周二十五里。以漳水近城，乃起長堤爲防。又鑿渠引漳水，周流城郭，以造水碾

磑」云。〔六六〕

79 銅爵、金鳳、冰井三臺，皆在臨漳縣鄴鎮東南二里，〔六七〕古鄴都北城西北隅。因城爲基，三臺相距各六十步，中爲銅爵臺，南爲金鳳臺，北爲冰井臺。此蓋曹操於漢獻帝時爲冀州牧所築也。鄴中記曰：「建安十五年，銅爵臺成，〔六八〕操將諸子登樓，使各爲賦。陳思王植，援筆立就。金鳳臺，曹公初名金虎，〔六九〕至石氏改今名。冰井臺，則淩室也。金虎、冰井，皆建安十八年建也。魏銅爵臺，〔七〇〕高一十丈，有屋一百二十間，周圍彌覆其上。金虎臺，有屋百三十間。冰井臺，有冰室三，與涼殿皆以閣道相通。〔七一〕三臺崇舉，其高若山云。至後趙石虎，〔七二〕三臺更加崇飾，甚於魏初。於銅爵臺上，起五層樓閣，去地三百七十尺，〔七三〕周圍殿屋一百二十房，房中有女監、女妓。三臺相面，各有正殿，上安御床，施蜀錦流蘇斗帳，四角置金龍頭，銜五色流蘇。又安金鈕屈戌屏風床，〔七四〕床上細直女三十人，床下立三十人，凡此衆妓，皆宴日所設。又於銅爵臺穿二井，作鐵梁地道以通井，號曰『命子窟』。於井中多置財寶、飲食，以悦蕃客，曰『聖井』。又作銅爵樓，巔高一丈五尺，舒翼若飛。南則金鳳臺，有屋一百九間，置金鳳於臺顛，故名。北則冰井臺，有屋一百四十間，上有冰室，室有數井，井深十五丈，藏冰及石墨。石墨可書，又爇之難盡，又謂之石炭。又有窖粟及鹽，以備不虞。今窖上石銘猶存焉。〔七五〕三臺皆磚甃，相去各六十步，上作閣道如浮橋，連以金屈戌，〔七六〕畫以雲氣龍虎之勢。施則三臺相通，廢則中央懸絶也。」又按北史：「齊文宣天保二年，發丁匠三十萬人，營三臺於鄴，因其舊基而高博之。構木高二十七丈，〔七七〕兩棟相距二百餘尺，〔七八〕工匠危怯，皆繫繩自防。文宣登棟脊疾走，了無怖畏。時復雅舞，折旋中節，觀者莫不寒心。又召死囚，以席爲翅，從上飛下，不死免其罪戮。臺成，改銅爵曰金鳳，金虎曰聖井，〔七九〕冰井曰崇光」云。至後建德七年，三臺遂廢。及大象二年，〔八〇〕韋孝寬討尉遲迥，〔八一〕遂焚毁蕩徹，了然空虚矣。〔八二〕十二月，余過鄴鎮，登三臺眺望，見其殘丘斷隴，〔八三〕而問諸山僧野老，猶能於荒煙野草中，指故都西陵之遺迹，相與悲慨。且言：「銅爵臺，今周圍止一百六十餘步，〔八四〕高五丈，上建永寧寺。金鳳臺，周圍一百三十餘步，〔八五〕高三丈，上建洞霄道宫。冰井臺，則北臨漳水，周圍止一百餘步，〔八六〕高三丈，爲漳水衝嚙，〔八七〕一角已崩缺矣。」予聞世傳鄴城古瓦研皆曰「銅爵臺瓦」，〔八八〕磚研皆曰「冰井臺磚」，蓋得其名而未審其實。夫魏之宫闕，焚蕩於汲桑之亂，及趙、燕、魏、齊代興代毁，室屋尚且改易無常，况易壞之瓦礫，其存於今者亦幾希矣。按鄴中記曰：「北齊起鄴南城，其瓦皆以胡桃油油之，油即祖珽所作也。〔八九〕蓋欲其光明映日，歷風雨久而不生蘚耳。有筒瓦者，其用在覆，故油其背。有版瓦者，其用在仰，故油其面。筒瓦之長可二尺，闊可一尺。版瓦長亦如之，但闊倍耳。」今其真者皆當其油處必有細紋，〔九〇〕俗謂之琴紋，有白花謂之錫花。相傳當時以黄丹、鉛、錫和泥，積歲久，故錫花乃見然，亦未言其信否也？古磚大方可四尺，其上有盤花鳥獸之紋，又有「千秋」及「萬歲」之字。其紀年，非天保即興和，〔九一〕蓋東魏、北齊之年號也。又有筒磚者，〔九二〕其花紋、年號與磚無異，蓋當時或用以承簷溜，故其內圓外方，有若筒然，亦可製而爲研。然則世所傳有古鄴研，〔九三〕多北齊之物耳。鄴人有言曰：「曹魏銅爵臺瓦，其體質細潤，而其堅如石，用以爲研，不費筆而發墨，此乃古所重者，而今絶無。」蓋魏之去今千有餘年，若其瓦礫，皆磨滅爲塵矣。〔九四〕且齊之磚瓦，至今亦五六百年，村民掊土求之，〔九五〕往往聚衆數百人，而踰年不得一二全者。則鄴人所謂銅爵、冰井者，蓋特取其名以炫，遠方其不知者，從而信之。今鄴人僞造彌衆，惟嘗識者，知其不如古耳。故荆國王文公有詩曰：「吹盡西陵歌舞塵，當時屋瓦始稱珍。〔九六〕甄陶往往成今手，尚託虛名動世人。」〔九七〕蓋當時亦有此嘆也。夫古之真瓦，不期於爲研，今之僞瓦，止期於爲研。其甄陶固精於古，然其質終燥，其用不久者，火力勝故也。雖和以黃丹、鉛、錫，烏能作潤哉？惟古之磚瓦，散没土中千餘年，〔九八〕感霜露風雨之潤，火力既盡，復受水氣，此其所以含蓄潤性，而滋水發墨也。

80 華林苑。在臨漳縣鄴城東二里，〔九九〕苑後即南鄴城之西也。按石虎時，有沙門吴進言：「趙運將衰，晉當復興，宜役晉人以壓其氣。」虎於是使尚書張羣，發近郡男女十六萬、車萬乘，運土築華林苑，周迴數十里，及築長墻數十里。趙攬等上疏切諫，虎大怒曰：「墻朝成夕壞，吾無恨矣！」乃促張羣，〔一〇〇〕以燭夜作起三觀。四門通漳水，皆設鐵扉，暴風大雨，死者數萬人。又鑿北城引水於華林園，城崩，壓死百餘人。虎於苑中植人間名果，作蝦蟇車箱，闊一丈，深一丈，合土載花木，所植無不榮茂。至高齊武成間，增飾華林苑，若神仙所居，改曰「仙都苑」。苑中封土爲嶽，〔一〇一〕皆隔水相望。分流爲四瀆，因爲四海，匯爲大池，曰「大海」。海中置龍舟六艘，其行舟處，可廿五里。又爲殿十二間於海中，五嶽各有樓觀堂殿，四海中亦有宮殿、洲浦。其最知名者，則北嶽之飛鸞殿、北海之密作堂也。飛鸞殿十六間，以青石爲基，珉石爲礎，鐫刻蓮花，内垂五色珠簾，緣以麒麟錦，楹柱皆金龍盤繞，以七寶飾之。柱上懸鏡，又用孔雀、山雞、白鷺毛當鏡。〔一〇二〕作七寶金鳳，高一尺七寸，口銜金鈴，光彩奪目，人不能久視也。密作堂，周迴廿四架，以大船浮之，以水爲激輪。堂爲三層：下層刻木人七，彈箏、琵琶、箜篌、胡鼓、銅鈸、拍板、弄盤等，衣以錦繡，進退俯仰，莫不中節；中層刻木僧七人，一僧執香奩，〔一〇三〕立東南角，一僧執香爐，立東北角，五僧左轉行道，至香奩所，以手拈香，至香爐所，其僧授香爐於行道僧，僧以香置爐中，遂至佛前作禮，禮畢整衣而行，周而復始，與人無異；上層作佛堂，旁列菩薩、衛士，帳上作飛仙右轉，又刻紫云左轉，往來交錯，終日不絶。皆黄門侍郎博陵崔士順所製，〔一〇四〕奇巧機妙，自古罕有。其苑中樓觀、山池、臺殿，自周平齊之後，皆廢毀矣。今其基趾，〔一〇五〕詢之故老，猶能記其萬一。余以載記可考者，〔一〇六〕録叙如右。

81 彰德路總管府治後花圃，〔一〇七〕曰康樂園。昔宋至和中，韓魏公以武康之節歸典鄉郡，因闢牙城作甲仗庫，以備不虞。遂大修亭池，名曰康樂園，取斯民共樂康時之意，〔一〇八〕故云。魏公自爲記，書而刻諸晝錦堂上。園中舊有七堂，曰晝錦、燕申、自公、榮歸、忘機、大悲、涼堂。又有八亭，曰御書、紅芳、求巳、迎和、狎鷗、觀魚、曲水、廣春。〔一〇九〕又有休逸、飛仙二亭。故老相傳，黄堂廳事，肇啓建於節度韓重贇。宋太宗歸自河東，視其廳曰：「朕之所居，亦不過也。」上欲留宿，重贇奏曰：「臣以一方之力，積歲成此，今陛下居一夕，即虚之矣，不免勞民重建，乞賜守臣，豈勝榮幸？」上乃命設幄宿於廳下而去。至魏公，大加完飾，郡廨園亭，雄壯華麗，甲於河朔。又傳：休逸臺，〔一一〇〕魏公取鄴城冰井臺四鐵梁爲柱。初鐵梁棄鄴臺歲久，光瑩無蘚剥，人以爲神物，呵護不敢動，〔一一一〕及以爲臺柱，〔一一二〕羣疑始定。今園亭廢毀，皆不可考，惟飛仙臺基在府治敏公堂後，〔一一三〕今構觀音堂其上。臺北十餘步，踰小巷，後園有休逸臺基，〔一一四〕面山。亭基，金節度完顔熙載作養素堂其上，〔一一五〕今廢，其碑尚存，其餘則不可知矣。晝錦堂記碑，今移至魏公祠堂云。公有康樂園詩曰：「名園初闢至和中，思與康時衆樂同。〔一一六〕一紀年光雖易老，萬家春色且無窮。歸來敢衒吾鄉勝，到此須知舊鄴榮。〔一一七〕病守縱疲猶強葺，欲隨民適醉東風。」十二月，予至彰德府治後，〔一一八〕因游康樂園。今皆菜畦麥隴，可考者惟休逸荒臺基，〔一一九〕餘皆不復辨矣。〔一二〇〕

82 彰德路城中，富材坊南，〔一二一〕街西第二巷，閭門扁曰「胡公里」，故胡按察私第在焉。公諱祗遹，〔一二二〕字紹開，〔一二三〕武安人也。祖、父俱第進士，公北度居相下六十年。〔一二四〕既卒，監郡也里不花中順尊慕德望，〔一二五〕即所居立胡公里。〔一二六〕

83 緱山書院。彰德路城南門大街道左，高綽門牓，曰「杜文獻公緱山書院」。公諱瑛，〔一二七〕字文玉，信安人也。避亂居雒陽，謀隱緱山，故以此自號云。甲辰間，粘合行省徵至彰德，〔一二八〕辟爲詳議官，〔一二九〕不就。遂隱居教授，日與王鹿庵、劉神川倡和爲樂。中統元年，世祖聞其賢，命爲大名等路提舉學校官。年七十卒，葬安陽縣西十里王裕村。今其孫秉彝，字德常，以鄉貢進士積官中書左司郎中，〔一三〇〕請建書院。因贈資德大夫、翰林學士、魏郡公，謚文獻，設緱山書院，列於學官云。

84 雀城。湯陰縣東北三十五里有城，周迴二百步，高二丈，土人呼爲「雀城」。世傳文王厄於羑里，武王築此城以望之，有赤雀見，因名云。

85 涼馬臺。湯陰縣北十二里有臺，高三十尺，周迴五百步，曰涼馬臺。按鄴中記曰：「後趙石虎所築。建武六年，虎都鄴，洗馬於洹水，築此臺以涼馬，故以名」云。

86 觀音禪院。八角井附。〔一三一〕彰德路城中豐安坊，有寺曰觀音禪院，唐天祐二年所建。〔一三二〕寺有八角井。父老相傳，井中嘗有雲氣如虹，衆謂有寶，探之，其深不可測。郡人周邯，〔一三三〕得崑崙奴，善入水，〔一三四〕曰水精，使之入井底，良久出，曰：「一黃龍，抱數顆明月大珠熟睡。」〔一三五〕水精驚，亦病死。初，州城在井北，避洹水泛溢南徙，乃包此井於城中云。

87 隋龍興寺碑。在彰德路北關外，古寺坊東，龍興寺寺前，豐碑一道，〔一三六〕是爲隋龍興寺。〔一三七〕范陽張庭珪八分書，其文則相州刺史越王撰。〔一三八〕蓋所謂「信行禪師傳法碑」也。〔一三九〕

88 陶唐廟。在安陽縣西北六十里乞伏村。廟有金應奉翰林文字、同知制誥趙秉文所撰碑一通，並書篆額。後銘曰：「鬼神睢盱，伏羲受圖，人文權輿。彝倫既叙，五教既敷，〔一四〇〕唐文煥乎。披昏抉塗，〔一四一〕藥民之愚，有典有謨。位非我娛，萬民其孥，丹朱爲疏。〔一四二〕陸水其都，人蟲其居，〔一四三〕吁嗟都俞。恩漸於膚，〔一四四〕今其已夫，祀焉忽諸。〔一四五〕遺祠路隅，〔一四六〕田婦耕夫，或祝或巫。白馬彤車，〔一四七〕清風肅如，神來有無。清漳之墟，歲熟一區，〔一四八〕神游藐孤。〔一四九〕明昌有道，千載同符，擊壤康衢。〔一五〇〕走不知乎，今之世，〔一五一〕陶唐氏之民歟！」〔一五二〕

89 湯聖王廟。在安陽縣西北五十里，廟有少中大夫、山東東西道提刑按察使胡祗遹所撰碑。〔一五三〕

90 羑里城文王廟。羑城在湯陰縣北六里道左，朱綽門，門牓題曰「羑里城周文王之廟」。其城，周迴二百五十步，高二丈餘。門牓，則正議大夫、河南江北道肅政廉訪使康里回回所書也。〔一五四〕廟有一碑，則太常博士、借注户部員外郎兼應奉翰林文字胡祗遹記，〔一五五〕大元至元六年夏十有二日建。〔一五六〕廟壁龕，翰林承旨永年王磐五言古詩石刻一通。按史記音義：「羑里，蓋獄名也。夏曰均臺，商曰羑里，周曰囹圄，皆圜土也。」〔一五七〕又按史記：「崇侯虎譖西伯於商紂，紂囚之羑里，西伯迺演易，〔一五八〕作六十四卦。其臣閎夭、太顛之徒，求有莘氏美女、驪戎之文馬、九駟及他奇怪，因商嬖臣費仲，獻之紂。紂大悅，乃赦西伯，賜之弓矢、鈇鉞，使得征伐。」〔一五九〕又曰：「紂囚文王，將殺之，或曰：『西伯聖人也，不可殺。』紂曰：『吾聞聖人有靈德，吾將驗焉。』乃殺伯邑考，醢之以食文王。文王食之，已而嘔於羑里之門外。於是衆信文王爲聖人，因以土封其嘔處，〔一六〇〕謂之『嘔子塚』。」其塚今尚存，〔一六一〕土人訛爲「狗子塚」云。王承旨鹿庵廟壁所刻詩曰：「羑水淺且清，羑里餘荒城。文王德如日，曾此晦其明。〔一六二〕陝樹憩召伯，箕山棲許生。後人起敬愛，木石含芳榮。嗟爾一抔土，〔一六三〕耕犁未全平。千春不磨洗，〔一六四〕永被囚聖名。我行蕩陰道，過之爲停征。念昔有殷季，虐主方狂醒。銛鋒戮賢聖，〔一六五〕若刈寸草莖。〔一六六〕左唉鄂侯脯，右啜鬼侯羹。茲時無羑里，何以紓淫刑。羑里深杳杳，羑城高亭亭。君王在縲紲，不異南面聽。〔一六七〕淑氣發神慮，淳和助心靈。演開伏羲畫，剖出天地精。一時雖冥昧，萬古垂日星。若無羑里拘，易經何由成？易經在所重，羑里那可輕。」康里公，〔一六八〕字子淵，積官至遼陽平章。不忽木文貞王之子，〔一六九〕翰林承旨巙巙子山之兄，〔一七〇〕父子皆國之名臣也。

91 西門豹祠。漳水之上有祠，門扁曰「西門大夫之廟」。按魏文侯使西門豹爲鄴令，至鄴，會長老，問民疾苦，對曰：「苦爲河伯娶婦。」豹問其故，曰：「鄴俗，祀河伯，巫視民女好者，云當爲河伯婦，即聘取。治齋宫河上，令女齋戒十日，乃洗沐粉飾如嫁狀，〔一七一〕令坐床上，浮河中，行十餘里，女乃溺。俗傳否則漂没其民，人久以爲然。故三老、廷掾，歲斂民錢數百萬，止用二三十萬，與巫祝共分餘錢持歸。故民有好女者，皆遠逃去。鄴民困貧，其所從來久矣。」〔一七二〕豹曰：「至爲河伯娶婦，願幸相告，〔一七三〕吾亦往送女。」衆曰：「諾。」至其時，豹往會。其巫嫗年七十餘，從弟子女十人，皆單繒爲衣，立大巫後。豹呼婦視其妍醜，巫引女出帷，豹曰：「是女醜，不足爲河伯婦，煩大巫嫗入報河伯，更求好女，他日送之。」〔一七四〕即使吏卒抱巫嫗投河中。有頃，曰：「何久也？弟子當趣之。」〔一七五〕乃投一弟子河中。有頃，曰：「亦何久？」〔一七六〕復投一巫。凡投三弟子。豹曰：「巫皆女子，不能白事，煩三老入白之。」復投三老河中。豹簪筆，磬折向河立待，顧曰：「巫嫗、三老不來，奈何？」當使廷掾豪長者一人趣之。」〔一七七〕皆叩頭流血，豹曰：「河伯豈常留客哉？」於是，衆誓不敢爲河伯娶婦，皆罷歸矣，淫祀遂絶。豹又鑿漳水溉田五百餘頃，民甚德之，因建祠云。廟有宋修祠碑一道，〔一七八〕則錢塘楊蒙所撰，其略曰：「元祐八年癸酉，予奉檄策委定武，〔一七九〕將亂衡漳，遲舟於客館。父老集琴堂下，曰：『此地之東有祠曰西門大夫，〔一八〇〕雖時祭不乏，而廟制湫陋，邑大夫君行農而謁焉，愴然虔矚。』迺鳩工修祠」云。其後辭曰：「漳水可涸兮，君之澤方洋洋。西山可頹兮，君之名方巍巍。新厥宇兮神妥斯，琢諸石兮來者師。」十二月，至祠下拜謁，讀碑而退。史云：「廟東北曰永樂浦，〔一八一〕浦西五里，俗謂之祭陌，〔一八二〕即西門豹投巫之所也。」案：晏殊類要，「祭陌河」作「紫陌河」。〔一八三〕

92 扁鵲廟碑。〔一八四〕在湯陰縣東南二十里，〔一八五〕伏道村村之道左，一碑題曰「神應王扁鵲之墓」。〔一八六〕其廟併在墓側，廟有二碑，一碑教授張仲文撰，一碑太中大夫、江南淛西道提刑按察使武安胡祇遹撰。〔一八七〕墓旁生艾，治疾爲天下第一，今每歲充貢云。伏道者，昔商紂知獄繁民怨，乃置防城，以兵防羑里之囚，又伏兵於道左，故云。廟壁有左司劉昂題詩一首，曰：「昔爲舍長時，方技未可録。〔一八八〕一遇長桑君，古今皆嘆服。天地爲至仁，既死不能復。〔一八九〕先生妙藥石，起虢效何速。〔一九〇〕日月爲至明，覆盆不能燭。先生具正眼，〔一九一〕毫釐窺肺腹。誰知造物者，禍福相倚伏。平生活人手，反受庸醫辱。千年廟前水，猶學上池緑。〔一九二〕再拜乞一盃，洗我胸中俗。」宋仁宗景祐元年九月，詔封扁鵲爲神應侯，因上疾愈，從醫者許希有之請。〔一九三〕今曰「神應王」，未詳何代所封也。〔一九四〕

93 尉遲公廟碑。彰德路城中，晝錦坊後，周太師、蜀國公尉遲迥之廟在焉。〔一九五〕迥爲周將，征伐有功。初滅北齊，以迥爲相州總管。至隋文帝，以計徵迥，欲圖之，迥迺率諸州舉兵數十萬，及爲楊素、韋孝寬、高熲等師所敗，〔一九六〕遂上樓自殺。至唐開元中，州多怪厲，刺史至輒死，吏民疑懼。於是，刺史張嘉祐以迥死國難，忠臣也，爲立祠以祀之。後刺史吴兢，〔一九七〕復加以冕服。初，嘉祐之建祠也，顔真卿爲記其事，蔡有隣書之。碑陰紀迥靈異之事言：「雨暘，隨禱輒應。回風驅蝗，使境内無害。〔一九八〕每至秋夜，有雙鶴下集廟庭。郡人至今稱以爲異」云。唐張嘉祐、宋璟皆刺相州，〔一九九〕有惠政，今並配食廟廷。〔二〇〇〕魯公所撰碑，略曰：「有周上柱國、蜀國公河南尉遲迥，字居羅，案：〔二〇一〕周書作薄居羅。代人也，因部立家，遂雄荒服。父俟兒，〔二〇二〕案：〔二〇三〕周書作俟兜。〔二〇四〕尚魏太祖姊昌樂公主，贈太傅。迥仕魏爲散騎侍郎，歷大丞相帳内都督，尚金明公主，進爵車騎將軍，領侍中、尚書左僕射。伐侯景有功，詔兼梁、益等十八州事。〔二〇五〕周之興也，進蜀國公，邑萬户，總秦、衛、文、康十四州事、大司馬，册太師，加上柱國，授相州總管。宣皇晏駕，京師將徵公，公以隋公當權，辭不受代。

公子魏安公沁東之敗也，公緑巾尚整，案：〔二〇六〕周書：「迴別統萬人，皆緑巾錦襖，號曰黃龍兵。」猶背城請戰。黃龍既潰，〔二〇七〕則登樓自裁。」又云：「公凡仕二代，〔二〇八〕易九朝，忠不辱隋，節能奉上。唐武德中，改葬表墓。開元丁丑，乃建廟」云。開元二十六年二月二十一日，華州鄭縣尉閻伯璵序，〔二〇九〕秘書省校書郎顏真卿銘，蔡有隣書。〔二一〇〕

94 彰德城中，嘉惠曲晝錦坊，故宋丞相魏國忠獻韓公琦之廟在焉。重門修廡，中爲大殿。殿肖公像，衮冕龍榻，〔二一一〕侍從之臣，相向拱立，儼然廟堂氣象。蓋公熙寧初，力辭上宰，再典鄉邦。未半歲，〔二一二〕河北地震水灾，命公安撫四郡，移鎮大名，相人思之，即公晝錦坊故第，〔二一三〕築生祠以祠公。〔二一四〕廟昔有宋中書舍人王靚所撰碑，兵毁不存。國朝重建廟碑一通，晉州判官高書訓所撰。高公，太原人，官至國子博士，故尚書高鳴雄飛子也。庭西晝錦堂記碑一通，至元間再模而刻。〔二一五〕宋參知政事歐陽修撰，翰林學士蔡襄書，龍圖學士邵必大篆，世稱爲「四絶碑」云。府學之西，亦有公祠堂，宋鄂州嘉魚令丘鄘爲撰廟記，〔二一六〕其碑今置府學儀門下。安陽縣治之南，護國顯應廟西隅，亦有公廟，蓋宋敕建者，郡人稱爲「雙廟」也。至若大名府之廟碑，則丞相温國文正公司馬光撰。磁州之廟碑，則知真州楊子縣事徐薦撰。〔二一七〕其陝西之秦州、河東之太原、淮南之揚州、河北之真定暨中山府，〔二一八〕皆有公廟。大河南北，凡八所，〔二一九〕至今皆祀之不絶也。晝錦新廟殿壁龕，公書晝錦堂詩石刻一道，詩曰：「重向高堂舉宴杯，〔二二〇〕四年牽强北門迴。故園風物都如舊，多病襟懷遂一開。白髮耻夸金絡騎，緑陰欣滿石梁臺。〔二二一〕因思前彦榮歸者，未有三曾晝錦來。」西廡則有郡人緱山杜瑛所題詩扁，〔二二二〕詩曰：「輪囷日下五雲飛，此是先生唱第時。龍上青天蛇有力，鼠潛舊穴馬空肥。縱横邊議三千牘，照耀身名六一碑。壞壁百年遺像在，郡人争看錦爲衣。」按公薨於相之府治，神宗震悼，〔二二三〕命陪葬山陵，〔二二四〕其家懇辭，乃命入内都知張茂則敕葬公於安陽縣西北三十里豐安鄉。天子御製碑文，題曰「兩朝顧命定策元勳之碑」，命龍圖閣學士宋敏求即墳所書，册賜守墳寺曰「傳孝報先之寺」云。〔二二五〕十二月，予偕下邳人李亨，〔二二六〕至祠下謁拜，讀庭下二碑，及讀詩扁而退。

95 安陽縣西北五里四十步，洹水南岸，河亶甲城有冢一區，世傳河亶甲所葬之所也。父老云：「宋元豐二年夏霖雨，安陽河漲，水齧冢破。野人探其中，得古銅器，質文完好，略不少蝕。衆恐觸官法，不敢全貨於市，因擊碎以鬻之，〔二二七〕復塞其冢以滅迹。〔二二八〕自是，銅器不復出矣。」

96 黄堆塚。在河亶甲塚西南。〔二二九〕世傳乃河亶甲后之塚也。〔二三〇〕

97 魏武高陵。〔二三一〕在鄴鎮西南三十里，周圍二百七十步，〔二三二〕高一丈六尺。十二月，予登銅爵臺，〔二三三〕西望荒邱煙樹，〔二三四〕永寧寺僧指示余曰：〔二三五〕「此曹公之西陵也。」

98曹操疑塚。在滏陽縣南二十里，曰講武城，壁壘猶在。又有高臺一所，曰將臺。城外高丘七十二所，〔二三六〕參錯布置，巋然相望，〔二三七〕世云「曹操疑塚」。初，操之葬，以惑後人，不致發掘故也。塚間有曹公廟，殿屋甚華麗。廟北，一高丘之前，〔二三八〕鉅碑一通，螭首龜趺，齊思王之碑，〔二三九〕姜一芝所撰云。西望西陵不十餘里，〔二四〇〕烟樹歷歷可見。十二月，予按轡其間，〔二四一〕自午抵暮，縱橫出入塚中，〔二四二〕不知所嚮。〔二四三〕噫！何其用心之詐也！使操能見武侯八陣圖，則有愧多矣。

99朝陽陵。在臨漳縣鄴鎮東北九里，即魏文帝文昭皇后朝陽陵也。按魏略：「甄后，中山無極人，初嫁袁紹子熙。及魏武帝破鄴，〔二四四〕文帝時爲太子，因納爲夫人。生明帝，爲郭后所譖，賜死。後文帝以郭后無子，〔二四五〕詔爲養子。明帝以母不以道終，意甚不平。嘗從文帝獵，見子母鹿，〔二四六〕文帝射殺鹿母死，〔二四七〕使射其子，帝曰：『陛下已殺其母，臣不忍復殺其子。』因涕泣。文帝收弓矢，大奇之，而建儲之意遂定。及帝即位，追謚曰『文昭皇后』。太和四年，使太常卿甄霞，〔二四八〕持節改葬於朝陽陵。」今陵旁一塚，父老曰「李夫人墓」。〔二四九〕后與夫人甚相善，〔二五〇〕故得祔葬焉。

100安陽縣東四十里，永和鎮城西二百步，漢欒巴廟在焉。范蔚宗漢書：「欒巴，魏郡内黃人也。好道而性質直。順帝世，累遷爲太守，後爲尚書。以上書極諫起憲陵侵毀小民墳塚，下獄禁錮還家。及陳蕃、竇武輔政，召拜議郎。蕃、武被誅，巴復上書，極理其冤。帝怒，下詔切責，〔二五一〕收付廷尉。巴自殺，遂歸葬，而邑人於此立廟」云。墓在鎮東南二十五里，〔二五二〕周迴一百步，高二丈云。

101晉嵇侍中廟墓。湯陰縣西南一百二十步，曰浣衣里，道左小碣，題曰「晉忠臣嵇紹之墓」。墓周迴二百步，高二丈餘。廟在墓側，有宋碑一通，乃淮南節度使、司徒兼侍中、判大名府兼北京留守司事、〔二五三〕大名府路安撫使、魏國公韓琦記並書，熙寧三年八月十五日，縣令張楙立石。〔二五四〕其碑曰：「夫以忠事君，人臣之常分也。然遭大變，臨大節，或心無所主，爲禍福所動，以苟一時之生，而貽萬世之戮者多矣。若其鼎鑊在前，鋒刃加己，〔二五五〕能挺然知義之所在，分固當爾。輕其命若鴻毛然，卒死而不顧者，幾何人哉？惟晉侍中、贈太尉、忠穆嵇公則其人也。方惠帝昏弱，諸王肆亂，各萌僭奪以相屠害，故帝之北征也，公馳赴行在，力當國難。而成都王穎，〔二五六〕以兵犯乘輿，衛從奔散，獨公端冕侍側，以身扞帝，至血濺帝衣而殞。〔二五七〕嗚呼！公之知義明分，可謂得其死不爲難也。〔二五八〕故其大忠偉節，赫然與日月争光，崒然與山嶽争高，天地不可窮，〔二五九〕而公名亦不可窮矣。〔二六〇〕宜乎百世之下，有國家者，欽遺風，想餘烈，置祠奉祀，永永不絶也。〔二六一〕相之湯陰，即公死難之地，〔二六二〕其廟在焉。前之爲邑者，不知追顯忠義爲政所先，因循不葺，底於大壞。今令張君楙至則首拜祠下，〔二六三〕觀其隳敝之甚，〔二六四〕驚而嘆曰：『茲不職之大者也！』亟舉公事蹟，與夫朝廷崇祀之意，諭於邑民。民皆欣然，願共力以完之。令乃寬與之約，聽其營辦，〔二六五〕不數月而祠宇一新。於是民益知夫大賢之忠於國者，〔二六六〕雖死於不幸，後世必載祀典，嚴廟貌，奉事尊仰之如此，皆思勉而爲善。自一邑而推一郡，繇一郡而推諸四方，〔二六七〕則其爲勸也豈小補哉！〔二六八〕廟完，具書來告，〔二六九〕以予嘗兩守鄉邦，〔二七〇〕願志本末。噫！忠義之心，人皆有之，但勉而不力，執之不固，遂不至於古人。予亦勉而執之者，〔二七一〕跂忠穆之風，尤寤寐以自激。文雖甚陋，惡敢吝而不書！」又晉書載：「公死難，血濺御衣。事平，左右欲澣帝衣，〔二七二〕帝曰：『此嵇侍中血，勿去。』詔葬縣南，賜曰『澣衣里』，仍立廟焉。」廟有國朝翰林承旨鹿庵王磐律詩一首，曰：「十載家艱恨未消，又持手版仕昏朝。〔二七三〕已知定亂功難就，猶幸臨危節可要。忠血數斑霑藻火，英名千古迫雲霄。一杯欲酹祠前土，〔二七四〕野鶴昂藏未易招。」磐，字文炳，廣平人，亡金進士。入國朝，累官至承旨。致仕，居東平。年九十二卒，〔二七五〕謚曰「文忠」。十二月早，〔二七六〕至湯陰南門，拜謁廟墓，讀碑而去。予嘗讀趙文敏公松雪齋文集有紀夢嵇侍中，〔二七七〕曰：「延祐元年十一月十九日，彰德朱長孺，〔二七八〕道其邦人之意，求書『晉嵇侍中之廟』六字。〔二七九〕余每敬其忠節，不辭而書之，運筆如飛，若有神助。是夜，京口石民瞻館予書室中，〔二八〇〕夢一丈夫，晉人衣冠，蓬首玄衣，〔二八一〕流血被面，謂民瞻曰：『我嵇侍中也，今日趙子昂爲予書廟額，〔二八二〕故來謝之。』民瞻既覺，猶汗流，亦異事也。翰林學士承旨、榮禄大夫、知制誥兼修國史吴興趙孟頫志。」

102 臨漳縣南，〔二八三〕鄴鎮西北五里，紫陌側，晉高僧佛圖澄墓在焉。澄，天竺人，俗姓帛氏。永嘉年，來洛陽，雖未嘗讀儒家書，〔二八四〕與一時學士論辨，〔二八五〕無能屈者。澄身長八尺，腹旁一竅，常以絮塞，夜欲讀書，則拔其絮，竅中光出，照於一室。又常至水際，引腸滌之，還内腹中。善誦神咒，役鬼神，以麻油雜燕支塗掌上，則洞見千里外事，令齋戒者皆得見之。又能聽鈴音以言吉凶，無不驗。石勒兵屯葛陂，大殺沙門。澄詣勒大將郭黑略家，〔二八六〕黑略言於勒，召試道術。取鉢水咒之，生青蓮花，勒由是信之。勒之獲段末波，擒劉曜，皆先驗澄之鈴音也。至石虎，傾心敬事，使衣綾錦，乘雕輿，太子、常侍皆舉轝扶翼升殿，主者唱大和尚，群臣皆起，以彰其尊。後虎大饗太武殿，澄吟曰：「殿乎殿乎！棘子成林，壞人衣乎！」虎發殿石視之，果有棘生焉。澄意本在冉閔，〔二八七〕小字棘奴也。澄還寺，獨語曰：「得三年乎？」自答：「不得。」又曰：「得二年、一年、百日、一月乎？」自答：「不得。」遂不復言。謂弟子曰：〔二八八〕「戊申禍亂漸萌，〔二八九〕己酉石氏當滅，吾及其未亂，先化去矣。」遣人與虎辭，虎詣寺見澄，澄曰：「出生入死，道之常也。修短分定，非所能延。今意未盡者，以國家心存佛理，〔二九〇〕崇顯寺廟，宜享休祉。奈何布政猛烈，終無福祉。若降心易慮，惠此下民，則國祚延長，道俗慶賴，歿無恨矣。」〔二九一〕虎知必逝，悲慟嗚咽，即命於漳水西紫陌，鑿壙營壽域。〔二九二〕十二月八日，澄卒於鄴宮寺，是歲，晉永和四年也。後有沙門雍州來，稱見澄西入關，虎發壙視之，惟一石。虎惡之曰：「石者，朕也。葬我而去，吾將死矣。」明年，虎果死。

103 湯陰縣北十里，有古壘，南北斜長五里。父老云：「唐九節度師營壘也。壘東北有萬人塚，即九節度潰兵之遺骸。乃節度使薛嵩掩骨作此大塚，〔二九三〕命幕府御史陸長源撰記，刻碑立塚上」云。

104 安陽縣西北五十里水治村，〔二九四〕魏國韓諫議墓在焉。諫議，丞相忠獻公父也。神道之碑，則樞密使富弼撰，翰林承旨王珪書。〔二九五〕碑首題曰「宋故太中大夫、行右諫議大夫、南陽郡開國男、贈開府儀同三司、太師、中書令兼尚書令、魏國公韓公神道碑銘」。〔二九六〕其碑略曰：「公諱國華，字光弼。太宗初，中興國二年甲科，〔二九七〕授大理評事，通判瀘州。遷右贊善大夫，改彰德節度判官，盡抉姦隱，諸豪不敢犯。升秘書省著作郎，監上蔡稅，以監察御史召，望高臺閣。屬天子議復燕、薊，揣廷臣勇而善辭令者，諭高麗西攻契丹，以分其力。既曰：『非韓某，不可。』即假以太常少卿爲使。公馳舸至其國，其王負固不受命，公諭以禍福，王大恐，遣大將領兵數萬，渡浿江以侵契丹。公復命，天子大喜，拜右拾遺，〔二九八〕直史館，賜五品章服，兼判登聞鼓院。入三司爲開拆推官，〔二九九〕遷左司諫充鹽鐵判官。久之，契丹大將蕭寧使叩雄州約和，州將劉福信之，〔三〇〇〕以聞天子。因思高麗功立，命公走雄州，按其事，亦令代福作報書，索其情僞。寧之意，欲我先發，公固願息兵養民，念國體不可屈書，乃謝使者，急令備邊。還奏，天子又大喜，歷判鹽鐵度支、户部三勾院。〔三〇一〕有密讒於帝者，帝雅信公，詔總判三司，〔三〇二〕賜三品章服。公益奮條三司不便事二十七上之，〔三〇三〕官民偕利，遂著爲法。俄出爲京東轉運副使，〔三〇四〕即拜峽路轉運使。真宗即位，入判大理寺，秩凡五遷，爲職方郎中，出知河陽，徙潞州。契丹入掠河朔，公以精騎屯胡兒谷，〔三〇五〕契丹不敢犯境。帝嘉之，褒以璽書。契丹再至澶淵，首命公假秘書監爲國信使。江南飢，又遣巡撫一道。還朝，權開封府判官，出知曹州，徙泉州。天子封泰山，〔三〇六〕擢諫議大夫。召歸，道病，卒於建陽驛，泉人聞之，傾一州來會哭。朝廷舉卹典，賜一子官。公六子，球，德清尉；瑄，〔三〇七〕將作簿；琚，兩浙轉運；琉，河陽參軍；璩，秘書著作郎，不幸繼亡；琦，相仁宗皇帝，被遇今天子，〔三〇八〕立爲門下侍郎兼兵部尚書、同中書門下平章事、昭文館大學士、衛國公，〔三〇九〕望重天下，〔三一〇〕勳冠列辟。以公積德儲慶，所宜享厚報，然恨公早世，不克待其發，而發於丞相，丞相以似以繼，其傳之者又可涯耶！」〔三一一〕銘曰：「士孰不官，公官獨難。使臨東夷，〔三一二〕跨海渺漫。指麾出師，〔三一三〕勢分狄患。〔三一四〕王始倔强，恃遠且艱。視詔抹刺，〔三一五〕不奉其虔。〔三一六〕公怒移書，以訶以讕。〔三一七〕諭以禍福，日星之觀。〔三一八〕王雖島酋，〔三一九〕聞義惕然。發兵饋糧，革頑易懢。〔三〇〕對廬耨薩，〔三一〕伏命館門。〔三二〕能俾遠夷，〔三三〕舉國奔職。不憚己勞，不畏隣隙。又俾强虜，〔三四〕歛其毒螫。二邦由公，〔三五〕一舉斯得。繼走朔陲，議收戈戣。〔三六〕坐策立判，虜姦不施。〔三七〕不爲其欺，〔三八〕國不剉威。〔三九〕兩使外禦，天子再怡。出知四州，〔四〇〕大用是宜。而卒不用，讒人之爲。復不永年，道卒不歸。遐邇奔赴，〔四一〕與考同之。〔四二〕位不都躬，萃於幼嗣。曰將曰相，勳德名世。本支源流，〔四三〕公得何異？何以畀之，天相其類。天實使然，人亦靡然。書之寞然，其昭昭然。」

105 劉神川先生墓。安陽縣南關焦道士庵，〔四四〕劉神川先生藁殯之所也。先生名祁，字京叔，〔四五〕渾源人。〔四六〕金狀元南山翁撝之曾孫，正大間監察御史從益字雲卿之子。先生與弟郁字文季，皆以文章德行，馳譽大河南北。後寓輝州。甲辰，粘合中書招置幕下。〔四七〕先生年四十七卒。有神川遯士集行世。〔四八〕又著歸潛志，以紀金末喪亂之事，與太原元裕之壬辰雜編、關西楊奐然天興近鑑、〔四九〕東明王百一汝南遺事微有異同。今修三史，金國之事，蓋多取其語云。

校勘記

〔一〕石晉改彰德軍　「石」，文津閣本、守山閣叢書本、粵雅堂叢書本同，真意堂叢書本、待學樓本作「後」。待學樓本

注：「翁本作『石』。」

〔二〕安陽湯陰臨漳　「漳」，文津閣本、待學樓本、守山閣叢書本、粵雅堂叢書本同，真意堂叢書本作「彰」。待學樓本注：「吴本誤『彰』。」

〔三〕漢置蕩陰縣　「置」，文津閣本同，真意堂叢書本、待學樓本、守山閣叢書本、粵雅堂叢書本作「爲」。待學樓本注：「翁本作『置』。」

〔四〕分安陽縣地入蕩源　待學樓本「入」下注：「貽端桉：『入』字蓋誤，新舊唐書皆作『置』。」「蕩源」，原作「蕩陰」，文津閣本、守山閣叢書本同，真意堂叢書本、待學樓本、粵雅堂叢書本作「蕩源」。待學樓本「源」下注：「翁本作『陰』，誤。」今按：有關唐代之前湯陰縣之沿革，主要史料有元和郡縣圖志、舊唐書地理志、新唐書地理志、太平寰宇記四種歷史文獻，而相關記載頗有不相一致之處。元和郡縣圖志卷十七河北道一相州湯陰縣載：「本七國時魏湯陰邑也，漢以爲縣，屬河内郡，縣有蕩水，因取名焉。晉屬魏郡，後魏省。隋開皇六年重置湯陰縣，屬相州，十六年改屬黎州。武德四年，分安陽置湯源縣，屬衛州，六年改屬相州，貞觀元年改爲湯陰，從漢舊名。」（賀次君點校，中華書局，二〇〇五年，第四五五頁）舊唐書卷三十九地理志二河北道相州湯陰載：「漢蕩陰縣也，併入安陽。武德四年，分安陽置湯源縣，屬衛州。六年，改屬相州。貞觀元年，改爲湯陰。」（中華書局校點本，第一四九二頁）新唐書卷三十九地理志三河北道相州湯陰載：「本蕩陰。武德四年析安陽置蕩源縣，屬衛州，六年來屬。貞觀元年更蕩源曰湯陰。」（中華書局校點本，第一〇一二頁）太平寰宇記卷五十五河北四相州湯陰縣載：「古羑里之地，在七國時魏之湯陰地。漢以爲蕩陰縣，屬河内郡。晉屬魏郡，後魏省。隋開皇六年復於今縣東十七里再置湯陰縣，十年廢入安陽縣。唐武德四年分安陽置蕩源縣，屬衛州，六年改屬相州。貞觀元年復爲湯陰，從漢舊名。」（王文楚等點校，中華書局，二〇〇七年，第一一四〇頁）以上所載唐武德四年分安陽縣地置縣之名，早出之元和郡縣圖志、舊唐書地理志稱「湯源」，後出之新唐書地理志、太平寰宇記稱「蕩源」。又綜合看來，河朔訪古記此條當主要源自太平寰宇記（直接來源或許爲大元大一統志），並考慮到與此條前文所稱「隋改蕩源縣，大業二年省」則此後重置之地名很可能有聯繫，後文所稱「貞觀元年，以蕩水微温，改爲湯陰縣」則改名前地名不應有因水微温而得名之「湯」字相呼應，今改爲「蕩源」。至於「湯源」、「蕩源」二縣名孰是孰非，則是另一問題。

〔五〕隋析置淇陽縣　「淇」，原作「湛」，文津閣本、真意堂叢書本、守山閣叢書本、粵雅堂叢書本同，據待學樓本改。待學樓本注：「本皆誤『湛』，據隋志改。」

〔六〕後改置巖州　「巖」，文津閣本、待學樓本、粵雅堂叢書本同，真意堂叢書本、守山閣叢書本作「嚴」。待學樓本注：「吴本誤『嚴』。」

〔七〕又併輔巖入焉　「巖」，文津閣本、真意堂叢書本、守山閣叢書本、粵雅堂叢書本同，待學樓本作「岩」。待學樓本注：「吴本誤『巖』，下同，據元史及翁本改。」

〔八〕宋曰滏陽郡　宋仍有磁州之名，稱「磁州，滏陽郡」（王存元豐九域志卷二河北路西路，王文楚、魏嵩山點校，中華書局，一九八四年，第八四頁）。

〔九〕案　文津閣本、真意堂叢書本、守山閣叢書本、粵雅堂叢書本作「按」，待學樓本作「桉」。

〔一〇〕路經滏陽　「經」，文津閣本、守山閣叢書本同，真意堂叢書本、待學樓本、粵雅堂叢書本作「徑」。待學樓本注：「翁本作『經』。」

〔一一〕實未遍歷洺邢也　「洺」，真意堂叢書本作「洛」，誤。待學樓本注：「吴本作『洛』，誤，據翁本改。」

〔一二〕曰黄華谷　「華」，原作「花」，文津閣本、守山閣叢書本同，真意堂叢書本、待學樓本、粤雅堂叢書本作「華」。今按：作「花」亦通，作「華」則與條首「黄華谷」一致，故改。

〔一三〕嘗隱居谷中　「嘗」，待學樓本同，文津閣本、真意堂叢書本、守山閣叢書本、粤雅堂叢書本作「皆」。待學樓本注：「吴本誤『皆』。」今按：作「皆」亦通，指王庭筠、王端父子二人。

〔一四〕號黄華山主　「華」，原作「花」，文津閣本、守山閣叢書本同，據真意堂叢書本、待學樓本、粤雅堂叢書本改。

〔一五〕淇谷暮夜　「暮」，文津閣本、待學樓本、守山閣叢書本同，真意堂叢書本、粤雅堂叢書本作「莫」。

〔一六〕神幻不可致詰　「詰」，真意堂叢書本作「誥」，誤。待學樓本注：「吴本誤『誥』。」

〔一七〕曰金燈集　待學樓本注：「貽端桉：宋張商英有神燈記刊石。」

〔一八〕有濁流奔崩　「崩」，文津閣本同，真意堂叢書本、待學樓本、守山閣叢書本、粤雅堂叢書本作「迅」。待學樓本注：「翁本作『崩』。」

〔一九〕出晉寧路長子縣西　待學樓本「晉寧路」下注：「貽端桉：此三字水經作『上黨』二字，蓋上黨在元屬晉寧路，作者據其時地言之，非水經原文。」

〔二〇〕又西漢書　待學樓本注：「溝洫志。」

〔二一〕嘗與群臣飲酒祝曰　「群」，真意堂叢書本作「郡」，誤。待學樓本注：「吴本誤『郡』。」

〔二二〕田惡也　「田」，真意堂叢書本作「肆」，誤。待學樓本注：「吴本誤『肆』。」

〔二三〕漳水在傍　「傍」，文津閣本、真意堂叢書本、待學樓本、守山閣叢書本、粤雅堂叢書本作「旁」。

〔二四〕知而不興　「興」，真意堂叢書本作「與」，誤。待學樓本注：「吴本作『與』，誤。」

〔二五〕堨水東注　「堨」，文津閣本、待學樓本同，真意堂叢書本、守山閣叢書本、粵雅堂叢書本作「揭」，誤。待學樓本注：「吴本作『揭』，誤。」

〔二六〕三十里中作十二墱　「三十」，原無，文津閣本、真意堂叢書本、守山閣叢書本、粵雅堂叢書本同，據待學樓本補。待學樓本「三十」下注：「吴本、翁本無此二字，據水經注補。寰宇記作『二十』。」「十二」，文津閣本、待學樓本、守山閣叢書本同，真意堂叢書本、粵雅堂叢書本作「一二」。待學樓本「墱」下注：「『十二』，吴本作『一二』，誤。貽端桉：左思魏都賦『墱流十二，同源異口』是也。」

〔二七〕使互灌注　「互」，文津閣本、守山閣叢書本同，真意堂叢書本、待學樓本、粵雅堂叢書本作「相」。待學樓本注：「翁本作『工』，誤。」今按：「互」、「工」二字形近，當以作「互」爲是。

〔二八〕一源分十二流　「源」，原作「注」，文津閣本、真意堂叢書本、守山閣叢書本、粵雅堂叢書本同，據待學樓本改。待學樓本注：「吴本、翁本皆作『注』，據水經注改。」

〔二九〕皆懸水門　待學樓本注：「貽端桉：『堨水東注』至此，水經注以爲魏武王時事，漢志中無此語。」

〔三〇〕鄴人名曰晏陂澤　待學樓本注：「桉：漢志亦無此語。惟水經注引鄴中記云『水所以溉之處名曰堰陵澤』，『堰』『晏』聲訛，『陵』『陂』形訛。又寰宇記引鄴城故事云『西門豹造十二渠，今渠一名安澤陂』，恐亦轉寫錯誤。」

〔三一〕灌鄴傍　「傍」，文津閣本、真意堂叢書本、待學樓本、守山閣叢書本、粵雅堂叢書本作「旁」。

〔三二〕終古舃鹵兮　「鹵」，真意堂叢書本作「園」，誤。待學樓本注：「吴本作『園』，誤。」

〔三三〕予疑當時豹嘗鑿渠　「予」，文津閣本、真意堂叢書本、待學樓本、守山閣叢書本、粵雅堂叢書本作「余」。

〔三四〕十二月蚤　「蚤」，文津閣本、守山閣叢書本同，真意堂叢書本、待學樓本、粵雅堂叢書本作「早」。

〔三五〕時漳水退縮　「漳」，真意堂叢書本作「彰」，誤。待學樓本注：「吴本作『彰』，誤。」

〔三六〕水傍多石子　「傍」，文津閣本、真意堂叢書本、待學樓本、守山閣叢書本、粤雅堂叢書本作「旁」。

〔三七〕洹水出上黨泫氏縣洹山　「泫氏」，原作「洹氏」，文津閣本、真意堂叢書本、守山閣叢書本、粤雅堂叢書本同，據待學樓本改。待學樓本「泫」字避清人諱缺末筆。又伍紹棠粤雅堂叢書本跋云：「惟云洹水出上黨洹氏縣洹山，按漢地理志有泫氏無洹氏，則洹氏之『洹』當屬沿訛。」亦指出「洹氏」爲「泫氏」之誤。

〔三八〕泫氏在澤州高平縣西　「泫氏」，原作「洹氏」，文津閣本、真意堂叢書本、守山閣叢書本、粤雅堂叢書本同，據待學樓本改。待學樓本注：「本皆誤作『洹氏』，上同，今並據水經注改。」

〔三九〕故酈元所記有同異耳　「酈元」，真意堂叢書本作「鄰尤」，誤。待學樓本注：「此二字吴本誤作『鄰尤』。」「同異」，文津閣本同，真意堂叢書本、待學樓本、守山閣叢書本、粤雅堂叢書本作「異同」。

〔四〇〕予嘗觀許敬宗論禹貢　「予」，文津閣本、真意堂叢書本、待學樓本、守山閣叢書本、粤雅堂叢書本作「余」。

〔四一〕導沇水　「導」，文津閣本、守山閣叢書本同，真意堂叢書本、待學樓本、粤雅堂叢書本作「道」。

〔四二〕溢爲滎　「滎」，真意堂叢書本作「榮」，誤。待學樓本注：「吴本誤『榮』。」

〔四三〕今李宗諤第見洹水初起林慮　「諤」，原作「鄂」，據文津閣本、真意堂叢書本、待學樓本、守山閣叢書本、粤雅堂叢書本改。

〔四四〕吕忱字林　「忱」，原作「悦」，文津閣本同，據真意堂叢書本、待學樓本、守山閣叢書本、粤雅堂叢書本改。

〔四五〕洹水出晉魯之間　待學樓本注：「貽端桉：字林書亡已久，説文今本作『洹水，在晉魯間』，宋本亦然。此所引本之酈注，故不誤。」

〔四六〕林慮黄水　「黄」，文津閣本、待學樓本、守山閣叢書本、粤雅堂叢書本同，真意堂叢書本作「貢」。待學樓本注：「吴本誤『貢』。」又待學樓本「黄水」下注：「桉：水經注林慮縣有黄華水，此條兩言黄水，皆無『華』字，豈所據本有異耶？」

〔四七〕太平寰宇記作牟山　「牟」，文津閣本、待學樓本、守山閣叢書本、粤雅堂叢書本同，真意堂叢書本作「平」。待學樓本注：「吴本誤『平』。」又待學樓本「牟山」下注：「貽端桉：水經注是石尚山。」

〔四八〕改爲湯陰　「陰」，原作「水」，文津閣本、真意堂叢書本、守山閣叢書本、粤雅堂叢書本同，據待學樓本改。待學樓本注：「本俱訛『水』。」今按：此條前文云「縣因水以取名」，指縣因「蕩水」而名「蕩陰」。此處云「改爲湯陰」，即由「蕩陰縣」改爲「湯陰縣」。本書卷中「湯陰縣」條云「貞觀元年，以蕩水微温，改爲湯陰縣」，與此處合。

〔四九〕出湯陰縣西北四十里西山韓大牛泉　「湯陰」，真意堂叢書本、待學樓本、守山閣叢書本、粤雅堂叢書本同，文津閣本作「蕩陰」。今按：唐代之前尚無湯陰縣，據上條可知「蕩陰縣」改爲「湯陰縣」在唐貞觀元年。又查水經注原文，作「蕩陰縣」（酈道元著、陳橋驛校證水經注校證卷九蕩水，中華書局，二〇〇七年，第二四四頁）。所引水經固當作「蕩陰」。然此書卷中「漳水」條引水經將「上黨長子縣」改作元代地名「晉寧路長子縣」，此處湯陰縣仍可理解爲元代地名，故未作改動。

〔五〇〕東經羑城之北　「城」，文津閣本、待學樓本、守山閣叢書本同，真意堂叢書本、粤雅堂叢書本作「域」，誤。待學樓本注：「吴本誤『域』。」

〔五一〕與防水會　「水」，原無，文津閣本、真意堂叢書本、待學樓本、粤雅堂叢書本同，守山閣叢書本有，據守山閣叢書本補。待學樓本「防」下注：「水經注有『水』字。」

〔五二〕光熙元年夏五月馬牧帥汲桑叛敗魏郡太守馮嵩　守山閣叢書本注：「〇案：晉書本紀在懷帝永嘉元年夏五月，此云光熙元年，誤。」

〔五三〕旬月烟燄不滅　「滅」，真意堂叢書本作「減」，誤。待學樓本注：「吳本誤『減』。」

〔五四〕曹魏之殿閣　待學樓本注：「翁本作『閤』，今通用『閣』。」

〔五五〕以廷尉續咸尚書令徐光切諫而止　「切」，真意堂叢書本作「幼」，誤。待學樓本注：「吳本誤『幼』。」

〔五六〕在鎮東南三里半　此處「鎮」似當作「鄴鎮」，方明朗。又按：原書此條之前當有條目載及「鄴鎮」，故而此條略稱之爲「鎮」。

〔五七〕魏孝文太和十八年　「太」，原作「天」，文津閣本、真意堂叢書本、守山閣叢書本、粵雅堂叢書本同，據待學樓本改。

〔五八〕後世玄孫必興于此矣　「玄」，原作「元」，文津閣本、真意堂叢書本、待學樓本、守山閣叢書本、粵雅堂叢書本同，係清人避諱改，今改回。

〔五九〕以十月丙子車駕北遷於鄴　「遷」，文津閣本、待學樓本、守山閣叢書本同，真意堂叢書本、粵雅堂叢書本作「還」。待學樓本注：「吳本作『還』。」

〔六〇〕以魏郡林慮廣平陽丘汲郡黎陽東濮清河廣宗等爲皇畿　「丘」，原作「邱」，文津閣本、真意堂叢書本、待學樓本同，係清人避諱改，守山閣叢書本作「丠」，此亦「丘」之諱字，今改回。

〔六一〕城東北置成安縣　「成」，文津閣本、待學樓本、守山閣叢書本、粵雅堂叢書本同，真意堂叢書本作「城」。待學樓本注：「吳本作『城』。」

〔六二〕發衆七萬六千營新宮　「六」，文津閣本、守山閣叢書本同，真意堂叢書本、待學樓本、粵雅堂叢書本作「八」。待學樓本注：「翁本作『六』。」

〔六三〕二年　「二」，文津閣本、待學樓本、守山閣叢書本同，真意堂叢書本、粵雅堂叢書本作「一」，誤。待學樓本注：「吴本誤作『一』。」

〔六四〕按北史高隆之傳云　「北」，真意堂叢書本作「吏」，誤。待學樓本注：「吴本誤『吏』。」

〔六五〕構營之制皆委隆之　「營」，文津閣本、待學樓本、守山閣叢書本、粵雅堂叢書本同，真意堂叢書本作「宮」。待學樓本注：「吴本作『宮』，誤。據北史及翁本改。」

〔六六〕以造水碾磑云　「云」，原作「六」，文津閣本同，真意堂叢書本、待學樓本、守山閣叢書本、粵雅堂叢書本作「云」。查北史高隆之傳所載並無「六」字，「云」、「六」兩字形近，文淵閣本、文津閣本所據之本當是訛「云」爲「六」，今改。

〔六七〕皆在臨漳縣鄴鎮東南二里　「鄴鎮」，原無，據文津閣本、真意堂叢書本、待學樓本、守山閣叢書本、粵雅堂叢書本補。按：此條後文云「十二月，余過鄴鎮，登三臺眺望」，又卷中「臨漳縣」條載「東魏孝静置鄴縣於今鄴鎮，又別置臨漳縣」，又卷中「華林苑」條載「（華林苑）在臨漳縣鄴城東二里，苑後即南鄴城之西也」，曹魏、十六國時期之都城鄴城遺迹在鄴鎮，不在東魏以後別置之臨漳縣城，故此處當補「鄴鎮」二字。

〔六八〕銅爵臺成　「爵」，文津閣本、守山閣叢書本同，真意堂叢書本、待學樓本、粵雅堂叢書本作「雀」。

〔六九〕曹公初名金虎　待學樓本「曹公」下注：「鄴中記無此二字。」

〔七〇〕魏銅爵臺　待學樓本「魏」下注：「鄴中記無此字。」

〔七一〕與涼殿皆以閣道相通　「涼」，原作「法」，文津閣本同，據真意堂叢書本、待學樓本、粵雅堂叢書本改。「涼殿」二字，守山閣叢書本作墨丁。

〔七二〕至後趙石虎　「至後」，文津閣本、待學樓本同，真意堂叢書本、守山閣叢書本、粵雅堂叢書本作「後至」。待學樓本注：「吴本誤作『後至』。」

〔七三〕去地三百七十尺　「尺」，原作「丈」，據文津閣本、真意堂叢書本、待學樓本、守山閣叢書本、粵雅堂叢書本改。

〔七四〕又安金鈕屈戌屏風床　「戌」，原作「戍」，文津閣本、待學樓本同，據真意堂叢書本、守山閣叢書本、粵雅堂叢書本改。按：元人陶宗儀南村輟耕録載：「今人家窗户設鉸具，或鐵或銅，名曰環紐，即古金鋪之遺意。北方謂之屈戌，其稱甚古。梁簡文詩：『織成屏風金屈戌。』李商隱詩：『鎖香金屈戌。』李賀詩：『屈膝銅鋪鎖阿甄。』『屈膝』，當是『屈戌』。」（卷七，中華書局，一九九七年，第八四頁）

〔七五〕今窖上石銘猶存焉　「猶」，文津閣本、真意堂叢書本、待學樓本、守山閣叢書本、粵雅堂叢書本作「尚」。

〔七六〕連以金屈戌　「戌」，原作「戍」，文津閣本同，據真意堂叢書本、待學樓本、守山閣叢書本、粵雅堂叢書本改。

〔七七〕構木高二十七丈　「二」，文津閣本同，真意堂叢書本、待學樓本、守山閣叢書本、粵雅堂叢書本作「三」。待學樓本注：「翁本作『二』。」

〔七八〕兩棟相距二百餘尺　「百」，文津閣本同，真意堂叢書本、待學樓本、守山閣叢書本、粵雅堂叢書本作「十」。待學樓本注：「翁本作『百』。」今按：兩棟高二十七丈之樓，相距僅二十餘尺，距離太近，作「百」是也。

〔七九〕金虎曰聖井　待學樓本「井」下注：「貽端桉：北史、齊書皆作『應』。」

〔八〇〕及大象二年　「大象二年」，原作「隋大象三年」，文津閣本同，真意堂叢書本、守山閣叢書本、粵雅堂叢書本作「隋大業三年」，據待學樓本改。待學樓本注：「吴本誤作『隋大業三年』，翁本作『大象二年』，上亦誤衍『隋』字。」

桉：周書，宣帝崩，隋文帝輔政，徵兵討迥，實在周大象二年。今據翁本改，删『隋』字。」

〔八一〕韋孝寬討尉遲迥　「迥」，真意堂叢書本作「回」，誤。

〔八二〕了然空虚矣　「了」，原作「孑」，文津閣本、真意堂叢書本、待學樓本、守山閣叢書本、粤雅堂叢書本作「了」。待學樓本注：「翁本作『孑』。」今按：「孑然」形容孤立之狀，此時三臺「焚毁蕩徹」，以作「了然」爲是，故據文津閣本等改作「了」。

〔八三〕見其殘丘斷隴　「丘」，原作「邱」，文津閣本、真意堂叢書本、待學樓本、粤雅堂叢書本同，守山閣叢書本作「业」，均係清人避諱改，今改回。

〔八四〕今周圍止一百六十餘步　「圍」，文津閣本、守山閣叢書本同，真意堂叢書本、待學樓本、粤雅堂叢書本作「回」。待學樓本注：「翁本作『圍』，下同。」

〔八五〕周圍一百三十餘步　「圍」，文津閣本、守山閣叢書本同，真意堂叢書本、待學樓本、粤雅堂叢書本作「回」。「三」，文津閣本、守山閣叢書本同，真意堂叢書本、待學樓本、粤雅堂叢書本作「四」。待學樓本注：「翁本作『三』。」

〔八六〕周圍止一百餘步　「圍」，文津閣本、守山閣叢書本同，真意堂叢書本、待學樓本、粤雅堂叢書本作「回」。

〔八七〕爲漳水衝嚙　「漳」，文津閣本作「彰」，誤。

〔八八〕予聞世傳鄴城古瓦研皆曰銅爵臺瓦　「予」，文津閣本、真意堂叢書本、待學樓本、守山閣叢書本、粤雅堂叢書本作「余」。

〔八九〕油即祖珽所作也　「珽」，原作「玎」，文津閣本、真意堂叢書本、粤雅堂叢書本同，據待學樓本、守山閣叢書本改。待學樓本注：「本皆誤作『玎』。」

〔九〇〕今其真者皆當其油處必有細紋　待學樓本「皆當」下注：「翁本無此二字。」

〔九一〕其紀年非天保即興和　「保」，真意堂叢書本作「寶」，誤。待學樓本注：「吴本作『寶』，誤。」

〔九二〕又有筒磚者　「磚」，文津閣本同，真意堂叢書本、待學樓本、守山閣叢書本、粤雅堂叢書本作「瓦」。待學樓本注：「翁本作『筒甎』。貽端桉：崔後渠彰德府志作『塼筒』。」今按：作「筒瓦」誤。前文已詳述筒瓦，此處云「又有筒磚者」，當另是一物。此處又云「當時或用以承簷溜，故其内圓外方，有若筒然」，「内圓外方」，也顯非筒瓦。正因其方，故稱之「磚」。而翁本之「筒甎」，即是「筒磚」，「甎」爲「磚」之異體字。

〔九三〕然則世所傳有古鄴研　「所」，文津閣本、守山閣叢書本亦有，真意堂叢書本、待學樓本、粤雅堂叢書本無。待學樓本注：「翁本有『所』字。」真意堂叢書本、粤雅堂叢書本「鄴」後有「之」字。待學樓本注：「吴本有『之』字。」

〔九四〕皆磨滅爲塵矣　「塵」，真意堂叢書本作「麈」，誤。待學樓本注：「吴本誤『麈』。」

〔九五〕村民掊土求之　「掊」，守山閣叢書本作「培」，誤。

〔九六〕當時屋瓦始稱珍　「時」，文津閣本同，真意堂叢書本、待學樓本、守山閣叢書本、粤雅堂叢書本作「年」。

〔九七〕尚託虛名動世人　「託」，原作「記」，文津閣本、真意堂叢書本、守山閣叢書本、粤雅堂叢書本同，據待學樓本改。待學樓本注：「吴本作『記』，誤，據翁本及臨川集改。」

〔九八〕散没土中千餘年　「年」，文津閣本、真意堂叢書本、待學樓本、守山閣叢書本、粤雅堂叢書本作「載」。

〔九九〕在臨漳縣鄴城東二里　此處「鄴城」似當作「鄴鎮」。按：卷中「銅爵金鳳冰井三臺」條云「皆在臨漳縣鄴鎮東南二里，古鄴都北城西北隅」，卷中「鄴都南城」條云「在鎮東南三里半」，鎮即「鄴鎮」。此條後文又載「苑後即南鄴城之西也」，皆相吻合。

〔一〇〇〕乃促張羣　「促」，原作「從」，真意堂叢書本、待學樓本、粵雅堂叢書本同，文津閣本作「使」，守山閣叢書本作「促」，循此處文意，「從」字不當，「使」、「促」二字則文意皆通，而作「促」更佳，今改作「促」。

〔一〇一〕苑中封土爲嶽　此處「嶽」似當作作「五嶽」，後文有「五嶽各有樓觀堂殿」云云。

〔一〇二〕又用孔雀山雞白鷺毛當鏡　文津閣本、真意堂叢書本、待學樓本、守山閣叢書本、粵雅堂叢書本「孔雀」後有「翡翠」二字。

〔一〇三〕一僧執香奩　「執」，文津閣本、待學樓本同，真意堂叢書本、守山閣叢書本、粵雅堂叢書本作「置」。待學樓本注：「吳本作『置』，誤。」

〔一〇四〕皆黃門侍郎博陵崔士順所製　待學樓本注：「貽端桉：鄴中記載石虎作木人禮佛，與此略同，以爲解飛所造。」

〔一〇五〕今其基趾　「趾」，文津閣本、真意堂叢書本、待學樓本、守山閣叢書本、粵雅堂叢書本作「址」。待學樓本注：「翁本作『跡』。」

〔一〇六〕余以載記可考者　「載記」，文津閣本、真意堂叢書本、待學樓本、守山閣叢書本、粵雅堂叢書本作「記載」。

〔一〇七〕彰德路總管府治後花圃　「圃」，文津閣本、真意堂叢書本、待學樓本、粵雅堂叢書本同，守山閣叢書本作「園」。

〔一〇八〕取斯民共樂康時之意　「意」，文津閣本、真意堂叢書本、待學樓本、粵雅堂叢書本同，守山閣叢書本作「義」。

〔一〇九〕曰御書紅芳求巳迎和狎鷗觀魚曲水廣春　「巳」，文津閣本、真意堂叢書本同，待學樓本、守山閣叢書本、粵雅堂叢書本作「已」。「和」，文津閣本、待學樓本同，真意堂叢書本、守山閣叢書本、粵雅堂叢書本作「合」。待學樓本注：「吳本作『合』，誤。」

〔一一〇〕休逸臺　「臺」，待學樓本同，文津閣本、真意堂叢書本、守山閣叢書本、粵雅堂叢書本作「堂」。待學樓本注：

「吴本作『堂』，誤，下同。貽端桉：安陽集有休逸臺詩，可證。」

〔一二一〕呵護不敢動　「呵」，文津閣本、真意堂叢書本、待學樓本、守山閣叢書本、粤雅堂叢書本作「訶」。

〔一二二〕及以爲臺柱　「臺」，文津閣本、真意堂叢書本、待學樓本、守山閣叢書本同，粤雅堂叢書本作「堂」。

〔一二三〕惟飛仙臺基在府治敏公堂後　「公」，文津閣本、真意堂叢書本、待學樓本、守山閣叢書本、粤雅堂叢書本作「功」。

〔一二四〕後園有休逸臺基　「臺」，文津閣本、待學樓本、守山閣叢書本同，真意堂叢書本、粤雅堂叢書本作「堂」。

〔一二五〕金節度完顏熙載作養素堂其上　「堂」，文津閣本、真意堂叢書本、待學樓本、守山閣叢書本、粤雅堂叢書本作「樓」。

〔一二六〕思與康時衆樂同　「衆」，文津閣本、待學樓本同，真意堂叢書本、守山閣叢書本、粤雅堂叢書本作「共」。待學樓本注：「吴本作『共』，誤，據翁本及安陽集改。」

〔一二七〕到此須知舊鄴榮　「榮」，文津閣本、真意堂叢書本、粤雅堂叢書本同，待學樓本、守山閣叢書本作「雄」。待學樓本注：「本皆誤作『榮』，據安陽集改。」

〔一二八〕予至彰德府治後　「予」，文津閣本、真意堂叢書本、待學樓本、守山閣叢書本、粤雅堂叢書本作「余」。

〔一二九〕可考者惟休逸荒臺基　「荒臺」，文津閣本作「荒」，真意堂叢書本、待學樓本、守山閣叢書本、粤雅堂叢書本作「臺荒」。

〔一三〇〕餘皆不復辨矣　真意堂叢書本「皆」後有「首」字。待學樓本「皆」下注：「吴本誤衍一『首』字。」

〔一三一〕富材坊南　「材」，文津閣本、真意堂叢書本、待學樓本、守山閣叢書本、粤雅堂叢書本作「財」。

〔一二二〕公諱祗遹　「祗」，文津閣本、真意堂叢書本、守山閣叢書本、粵雅堂叢書本同，待學樓本作「祇」。今按：胡氏元史卷一百七十有傳，其名作「祗遹」。

〔一二三〕字紹開　「開」，文津閣本、待學樓本、守山閣叢書本同，真意堂叢書本、粵雅堂叢書本作「聞」。待學樓本注：「吳本作『聞』，誤，據元史及翁本改。」

〔一二四〕公北度居相下六十年　「下」，文津閣本作「者」，真意堂叢書本、待學樓本、守山閣叢書本、粵雅堂叢書本作「州」。待學樓本注：「翁本作『下』。」

〔一二五〕監郡也里不花中順尊慕德望　「也里不花」，原作「伊爾布哈」，並附夾注：「舊作『也里不花』，今改正。」文津閣本同。此係清人所改，今改回，並刪去注文。真意堂叢書本、待學樓本、守山閣叢書本、粵雅堂叢書本亦作「伊爾布哈」。待學樓本注：「翁本作『也里不花』。」「慕」，真意堂叢書本作「墓」，誤。待學樓本注：「吳本誤『墓』。」

〔一二六〕即所居立胡公里　待學樓本「居」後有「故」字。

〔一二七〕公諱瑛　「公」，文津閣本、真意堂叢書本、守山閣叢書本、粵雅堂叢書本無，待學樓本有。待學樓本注：「吳本脱此『公』字，翁本脱上『公』字。」「瑛」，原作「英」，文津閣本、真意堂叢書本、守山閣叢書本、粵雅堂叢書本同，據待學樓本改。待學樓本注：「本皆誤『英』，據元史改。」今按：本書卷中「韓琦廟」條亦作「瑛」。

〔一二八〕粘合行省徽至彰德　「粘合」，原作「尼瑪哈」，並附夾注：「舊作『粘合』，今改正。」文津閣本同。此係清人所改，今改回，並刪去注文。真意堂叢書本、待學樓本、守山閣叢書本、粵雅堂叢書本亦作「尼瑪哈」。待學樓本注：「翁本載原注：『舊作粘合，今改正。』」又文津閣本「行省」前有「來爲」二字。

〔一二九〕辟爲詳議官　「詳」，文津閣本、真意堂叢書本、守山閣叢書本同，待學樓本、粵雅堂叢書本作「諫」。今按：金末元初有詳議官，元史中所載實例如世祖中統二年王鏞以東平府詳議官兼充禮樂提舉，約太宗時東平行臺嚴實用宋子貞爲詳議官，定宗元年孟攀鱗爲陝西帥府詳議官，中統元年左丞姚樞宣撫東平辟王惲爲詳議官，中統初王利用出爲山東經略司詳議官（卷四世祖紀一、卷一百五十九宋子貞傳、卷一百六十四孟攀鱗傳、卷一百六十七王惲傳、卷一百七十王利用傳，中華書局校點本，第七四、三七三五、三八六〇、三九三二、三九九三頁），而無諫議官。

〔一三〇〕以鄉貢進士積官中書左司郎中　「鄉」，真意堂叢書本作「卿」，誤。待學樓本注：「吴本誤『卿』。」

〔一三一〕八角井附　「附」，原無，文津閣本、守山閣叢書本亦無，據真意堂叢書本、待學樓本、粵雅堂叢書本補。

〔一三二〕唐天祐二年所建　「祐」，文津閣本、待學樓本同，真意堂叢書本、守山閣叢書本、粵雅堂叢書本作「禧」。待學樓本注：「吴本誤『禧』。」

〔一三三〕郡人周邯　「郡」，守山閣叢書本作「邵」，誤。

〔一三四〕善入水　「入」，粵雅堂叢書本作「人」，誤。「水」，文津閣本、待學樓本同，真意堂叢書本、守山閣叢書本、粵雅堂叢書本作「井」。待學樓本注：「吴本誤『井』。」

〔一三五〕抱數顆明月大珠熟睡　「明月」，文津閣本、待學樓本同，真意堂叢書本、守山閣叢書本、粵雅堂叢書本作「月明」。待學樓本注：「吴作『月明』。」

〔一三六〕豐碑一道　「道」，文津閣本同，真意堂叢書本、待學樓本、守山閣叢書本、粵雅堂叢書本作「通」。

〔一三七〕是爲隋龍興寺　前已有「龍興寺寺前」，此處「寺」後當有一「碑」字。

〔一三八〕其文則相州刺史越王撰　待學樓本「越王」後有一「貞」字，並注：「本皆脱『貞』字，今補。」

〔一三九〕蓋所謂信行禪師傳法碑也　待學樓本注：「貽端桉：金石録信行禪師碑隋唐多有之，惟僞周碑越王貞撰、張廷珪八分書，則此寺前碑也。」

〔一四〇〕五教既敷　「教」，原作「穀」，文津閣本、真意堂叢書本、守山閣叢書本、粵雅堂叢書本同，據待學樓本改。待學樓本注：「吳本誤『穀』。」

〔一四一〕披昏抉塗　「抉」，原作「挾」，文津閣本、真意堂叢書本、守山閣叢書本、粵雅堂叢書本同，據待學樓本改。待學樓本注：「本皆誤『挾』，據石刻改。」

〔一四二〕丹朱爲踈　「爲」，原作「其」，文津閣本、真意堂叢書本、守山閣叢書本、粵雅堂叢書本同，據待學樓本改。待學樓本注：「本皆作『其』，據石刻改。」

〔一四三〕人蟲其居　「蟲」，原作「蠱」，文津閣本、真意堂叢書本、守山閣叢書本、粵雅堂叢書本同，據待學樓本改。待學樓本注：「本皆誤『蠱』，據石刻改。」

〔一四四〕恩漸於膚　「恩」，文津閣本、待學樓本、守山閣叢書本同，真意堂叢書本、粵雅堂叢書本作「思」。待學樓本注：「吳本誤『思』。」

〔一四五〕祀焉忽諸　「祀」，原作「祝」，真意堂叢書本、守山閣叢書本同，據文津閣本、待學樓本改。待學樓本注：「本皆誤『祝』，據石刻改。」

〔一四六〕遺祠路隅　「遺」，原作「遣」，真意堂叢書本、粵雅堂叢書本同，守山閣叢書本作「道」，據文津閣本、待學樓本改。待學樓本注：「本皆誤『遣』，據石刻改。」

〔一四七〕白馬彤車　「彤」，文津閣本、待學樓本同，真意堂叢書本、守山閣叢書本、粵雅堂叢書本作「同」。待學樓本注：「吳本作『同』，誤。」

〔一四八〕歲熟一區　「一」，原作「萬」，文津閣本、真意堂叢書本、守山閣叢書本、粤雅堂叢書本同，據待學樓本改。待學樓本注：「本皆誤『萬』，據石刻改。」

〔一四九〕神游藐孤　「藐孤」，待學樓本同，文津閣本、守山閣叢書本、粤雅堂叢書本作「藐姑」，真意堂叢書本作「貌姑」。待學樓本注：「吴本誤作『貌姑』，據翁本及石刻改。」

〔一五〇〕擊壤康衢　「康」，原作「廟」，據文津閣本、真意堂叢書本、待學樓本、守山閣叢書本、粤雅堂叢書本改。

〔一五一〕今之世　「之」，原無，文津閣本、真意堂叢書本、守山閣叢書本、粤雅堂叢書本同，據待學樓本補。待學樓本注：「本皆脱此字，據石刻補。」

〔一五二〕陶唐氏之民歟　「陶」，守山閣叢書本無，誤。又條末待學樓本注：「貽端桉：碑銘滏水集未載。」

〔一五三〕廟有少中大夫山東東西道提刑按察使胡祇遹所撰碑　「提刑」，文津閣本、真意堂叢書本、守山閣叢書本、粤雅堂叢書本無，待學樓本有。待學樓本注：「吴本脱此二字。」「祇」，文津閣本、真意堂叢書本、守山閣叢書本、粤雅堂叢書本同，待學樓本作「祗」。

〔一五四〕則正議大夫河南江北道肅政廉訪使康里回回所書也　「康里回回」，真意堂叢書本、待學樓本、守山閣叢書本、粤雅堂叢書本同，文津閣本作「喀爾和和」。

〔一五五〕則太常博士借注户部員外郎兼應奉翰林文字胡祇遹記　「應奉」，文津閣本、待學樓本同，真意堂叢書本、粤雅堂叢書本作「發」，守山閣叢書本作「奉」。待學樓本注：「『應』字吴本脱，『奉』字又誤作『發』。」「祇」，文津閣本、守山閣叢書本、真意堂叢書本、粤雅堂叢書本同，待學樓本作「祗」。

〔一五六〕大元至元六年夏十有二日建　此處紀月作「夏」而不知幾月，當有脱文，真意堂叢書本、待學樓本、守山閣叢書本、粵雅堂叢書本同。文津閣本作「孟夏」，然此行增多一字作二十二字，懷疑文津閣本所據之本仍同文淵閣本等作「夏」，而臆補一「孟」字。

〔一五七〕皆圜土也　「圜」，原作「負」，文津閣本作「圜」，真意堂叢書本、待學樓本、守山閣叢書本、粵雅堂叢書本作「員」。待學樓本注：「翁本改作『圜』。」按：「負」爲「員」之異體字，通「圓」，而「圜」同「圓」。河朔訪古記此條關於「圜土」係引史記音義，史記音義有兩書，一爲東晉徐廣撰，一爲唐代劉伯莊撰，均久佚。前者佚文主要爲史記集解所引，即其中之「徐廣曰」；後者佚文主要爲史記索隱所引，即其中之「劉氏云」、「劉伯莊以爲」等等。兩書今皆有輯本（徐廣書輯本，參見孫利政徐廣史記音義考校研究，碩士學位論文，南京師範大學，二〇一八年。劉伯莊書輯本相關説明及補輯，參見顏世明唐宋時期所撰史記漢書相關散佚著作綜合研究——以唐代劉伯莊史記音義爲例，社會科學動態二〇二二年第六期）。查兩書輯本，均未見河朔訪古記此條引文。另查水經注，檢得如下一段：「史記音義曰：『牖里在蕩陰縣。』廣雅：『牖，獄犴也。夏曰夏臺，殷曰羑里，周曰囹圄，皆圜土。』」（酈道元著，陳橋驛校證水經注校證卷九蕩水，中華書局，二〇〇七年，第二四四頁。按：引號係引者所加。又所引廣雅與今傳本有異）此當即河朔訪古記此條出處，而引用時誤將廣雅之文連到史記音義，合二爲一。今改作「圜」。

〔一五八〕西伯迺演易　文津閣本、真意堂叢書本、待學樓本、守山閣叢書本、粵雅堂叢書本「易」前有「周」字。待學樓本注：「翁本無此字。」

〔一五九〕使得征伐　「伐」，真意堂叢書本作「代」，誤。

〔一六〇〕因以土封其嘔處　「嘔」，真意堂叢書本作「區」，誤。待學樓本注：「吴本誤『區』，翁本下無『處』字。」

〔一六一〕其塚今尚存　「塚」，真意堂叢書本無。

〔一六二〕曾此晦其明　「晦」，文津閣本、真意堂叢書本、待學樓本、守山閣叢書本、粤雅堂叢書本作「夷」。

〔一六三〕嗟爾一抔土　「抔」，文津閣本作「坏」、真意堂叢書本、待學樓本、粤雅堂叢書本作「抔」，守山閣叢書本作「坯」。

〔一六四〕千春不磨洗　「春」，文津閣本、真意堂叢書本、待學樓本、守山閣叢書本、粤雅堂叢書本作「秋」。待學樓本注：「翁本作『春』。」

〔一六五〕銛鋒戮賢聖　「銛」，文津閣本、待學樓本、守山閣叢書本、粤雅堂叢書本同，真意堂叢書本作「銽」，誤。待學樓本注：「吴本誤『銛』。」待學樓本「賢聖」下注：「翁本作『聖賢』。」

〔一六六〕若刈寸草莖　「若」，原作「苦」，據文津閣本、真意堂叢書本、待學樓本、守山閣叢書本、粤雅堂叢書本改。

〔一六七〕不異南面廳　「廳」，文津閣本同，真意堂叢書本、待學樓本、守山閣叢書本、粤雅堂叢書本作「聽」。待學樓本注：「翁本作『廳』。」

〔一六八〕康里公　「康里」，真意堂叢書本、待學樓本、守山閣叢書本、粤雅堂叢書本同，文津閣本作「喀爾」。

〔一六九〕不忽木文貞王之子　「不忽木」，原作「布呼密」，並附夾注：「舊作『不忽木』，今改正。」文津閣本同。此係清人所改，今改回，並删去注文。「不忽木」，真意堂叢書本、待學樓本、守山閣叢書本、粤雅堂叢書本作「布呼密」。待學樓本注：「翁本作『不忽木』。」

〔一七〇〕翰林承旨巎巎子山之兄　「巎巎子山」，原作「庫克濟遜」，並附夾注：「舊作『夔夔子山』，今改正。」文津閣本作「庫庫」，夾注同。此係清人所改，今改回，並删去注文。而夔夔即元朝知名人物康里巎巎，其名「巎巎」，傳世文獻又多作「巙巙」，又訛作「夔夔」，故此將「夔夔」改作「巎巎」。「巎巎子山」，真意堂叢書本、待學樓本、守山閣叢書本書本、粵雅堂叢書本作「庳庳」。待學樓本注：「翁本作『夔夔子山』。」

〔一七一〕乃洗沐粉飾如嫁狀　「沐」，文津閣本、真意堂叢書本、待學樓本、守山閣叢書本、粵雅堂叢書本作「浴」。待學樓本注：「翁本作『沐』。」

〔一七二〕其所從來久矣　「從」，文津閣本、真意堂叢書本、待學樓本、守山閣叢書本、粵雅堂叢書本作「由」。

〔一七三〕願幸相告　「願」，原作「頗」，據文津閣本、真意堂叢書本、待學樓本、守山閣叢書本、粵雅堂叢書本改。

〔一七四〕他日送之　「他」，文津閣本、真意堂叢書本、待學樓本、守山閣叢書本、粵雅堂叢書本作「它」。

〔一七五〕弟子當趣之　「趣」，待學樓本、守山閣叢書本同，文津閣本作「趨」，真意堂叢書本、粵雅堂叢書本作「趍」。待學樓本注：「吴本作『趍』。」

〔一七六〕亦何久　文津閣本同，真意堂叢書本、待學樓本、守山閣叢書本、粵雅堂叢書本作「何久也」。待學樓本注：「『何久也』，翁本作『亦何久』。」

〔一七七〕當使廷掾豪長者一人趣之　「豪」，文津閣本、待學樓本亦有，真意堂叢書、守山閣叢書本、粵雅堂叢書本無。待學樓本注：「吴本無此字，據史記及翁本補。」「趣」，待學樓本、守山閣叢書本同，文津閣本、真意堂叢書本、粵雅堂叢書本作「趨」。待學樓本注：「吴本作『趨』。」

〔一七八〕廟有宋修祠碑一道　「道」，文津閣本、守山閣叢書本同，真意堂叢書、待學樓本、粵雅堂叢書本作「通」。待學樓本注：「翁本作『道』，誤。」

〔一七九〕予奉檄策委定武　「予」，文津閣本、真意堂叢書、待學樓本、守山閣叢書本、粵雅堂叢書本作「余」。

〔一八〇〕此地之東有祠曰西門大夫　「曰」，文津閣本同，真意堂叢書、待學樓本、守山閣叢書本、粵雅堂叢書本作「云」。

〔一八一〕廟東北曰永樂浦　「永」，文津閣本、待學樓本、守山閣叢書本同，真意堂叢書本、粤雅堂叢書本作「水」。待學樓本注：「吴本作『水』，誤。」

〔一八二〕俗謂之祭陌　文津閣本、守山閣叢書本同，真意堂叢書本、待學樓本、粤雅堂叢書本「祭陌」後有「河」字。待學樓本注：「翁本脱此字。」

〔一八三〕祭陌河作紫陌河　待學樓本注：「貽端桉：太平寰宇記：『濁漳水，在縣東北。有永樂浦，浦西北五里，俗謂紫陌河，即俗巫爲河伯娶婦處。』水經注云：『淫祀雖斷，地留祭陌之稱。又慕容儁投石虎尸處也。田融以爲紫陌。』則此二名，並傳已久。」

〔一八四〕扁鵲廟碑　「廟」，真意堂叢書本作「朝」，誤。待學樓本注：「吴本誤『朝』。」

〔一八五〕在湯陰縣東南二十里　待學樓本「湯」下注：「翁本改作『蕩』。」

〔一八六〕一碑題曰神應王扁鵲之墓　此條後文曰「其廟併在墓側」，則此處當言扁鵲墓，原文似有訛脱。又「在湯陰縣東南二十里」一句前或當有「扁鵲墓」三字。

〔一八七〕一碑太中大夫江南淛西道提刑按察使武安胡祗遹撰　「太」，文津閣本同，真意堂叢書、待學樓本、守山閣叢書本、粤雅堂叢書本作「大」。「祗」，守山閣叢書本、粤雅堂叢書本同，文津閣本、真意堂叢書本、待學樓本作「祇」。

〔一八八〕方技未可録　「技」，真意堂叢書本、待學樓本、守山閣叢書本、粤雅堂叢書本同，文津閣本作「伎」。

〔一八九〕既死不能復　「復」，真意堂叢書本作「服」，誤。待學樓本注：「吴本誤『服』。」守山閣叢書本注：「〇案：原本作『不能服』，今正。」

〔一九〇〕起號效何速　「號」，真意堂叢書本、待學樓本、守山閣叢書本、粤雅堂叢書本同，文津閣本作「痐」。

〔一九一〕先生具正眼　「具」，真意堂叢書本作「其」，誤。待學樓本注：「吴本誤『其』。」

〔一九二〕猶學上池緑　「緑」，真意堂叢書本作「緣」，誤。待學樓本注：「吴本誤『緣』。」

〔一九三〕從醫者許希有之請　「者」，原無，文津閣本、真意堂叢書本、待學樓本、守山閣叢書本、粤雅堂叢書本亦無。待學樓本「醫」下注：「翁本有『者』字。」今據待學樓本引翁本補。

〔一九四〕未詳何代所封也　「詳」，文津閣本、真意堂叢書本、待學樓本、守山閣叢書本、粤雅堂叢書本作「知」。

〔一九五〕周太師蜀國公尉遲迥之廟在焉　「迥」，守山閣叢書本誤作「廻」，下同，誤。

〔一九六〕及爲楊素韋孝寬高熲等師所敗　待學樓本「及」下注：「安陽縣志引此作『反』。」「熲」，原作「潁」，據文津閣本、真意堂叢書本、待學樓本、守山閣叢書本、粤雅堂叢書本改。

〔一九七〕後刺史吴兢　「兢」，文津閣本同，真意堂叢書本、待學樓本、守山閣叢書本、粤雅堂叢書本作「克」。待學樓本注：「翁本作『兢』。」按：新唐書卷一百二十七張嘉祐傳載：「開元末，爲相州刺史。舊刺史多死官，衆疑畏。嘉祐以周總管尉遲迥死國難，忠臣也，立祠房解祓衆心。三歲，入爲左金吾將軍。後吴兢爲刺史，又加神冕服，遂無患。」（中華書局校點本，第四四四九頁）則作「兢」是。

〔一九八〕使境内無害　「使」，文津閣本、守山閣叢書本、粤雅堂叢書本同，真意堂叢書本、待學樓本作「伏」，待學樓本注：「翁本作『使』。」

〔一九九〕唐張嘉祐宋璟皆刺相州　「祐」，原作「貞」，文津閣本、真意堂叢書本、守山閣叢書本、粤雅堂叢書本同，據待學樓本改。待學樓本注：「本皆誤『貞』，據安陽縣志改。」「刺」，文津閣本作「剌」，誤。

〔二〇〇〕今並配食廟廷　「廷」，文津閣本、真意堂叢書本、待學樓本、守山閣叢書本、粤雅堂叢書本作「庭」。

〔二〇一〕案　文津閣本、真意堂叢書本、守山閣叢書本、粤雅堂叢書本作「按」，待學樓本作「桉」。

〔二〇二〕父俟兒　「兒」，待學樓本作「兜」，並注：「原本作『兒』。注：『周書作俟兜。』貽端桉：石刻亦作『俟兜』，今據改。」

〔二〇三〕案　文津閣本、守山閣叢書本同，真意堂叢書本、粤雅堂叢書本作「按」，待學樓本作「桉」。

〔二〇四〕周書作俟兜　「作」，真意堂叢書本、粤雅堂叢書本無。

〔二〇五〕詔兼梁益等十八州事　待學樓本「梁益」下注：「按：『梁益』，石刻作『益梁』，周書作『益潼』。」許畹重刊河朔訪古記叙云：「『尉遲公廟碑』下云兼梁、益等十八州事，又總秦、衛、文、康十四州事，校云『梁、益』，石刻作『益、梁』，周書作『益、潼』。桉北史亦是『益、潼』，惟『秦』、『衛』二字今石本闕，北史謂總管秦、渭等十四州諸軍事，此則以『渭』訛『衛』，至康亦遠不相屬也。」

〔二〇六〕案　文津閣本、真意堂叢書本、守山閣叢書本、粤雅堂叢書本作「按」，待學樓本作「桉」。

〔二〇七〕黄龍既潰　「既」，待學樓本同，文津閣本、真意堂叢書本、守山閣叢書本、粤雅堂叢書本作「已」。待學樓本注：「吴本作『已』。」

〔二〇八〕公凡仕二代　「仕」，文津閣本、真意堂叢書本、待學樓本、守山閣叢書本、粤雅堂叢書本作「事」。

〔二〇九〕華州鄭縣尉閻伯璵序　「序」，文津閣本、真意堂叢書本、待學樓本、守山閣叢書本、粤雅堂叢書本作「叙」。

〔二一〇〕條末待學樓本注：「貽端桉：碑銘魯公集中未載。」

〔二一一〕衮冕龍榻　「榻」，真意堂叢書本、粤雅堂叢書本作「搨」，誤。

〔二一二〕未半歲　「半」，真意堂叢書本作「平」，誤。待學樓本注：「吴本誤『平』，翁本上脱『未』字。」

〔二三〕即公畫錦坊故第　「第」，真意堂叢書本作「篆」，誤。待學樓本注：「吴本誤『篆』。」

〔二四〕築生祠以祠公　「祠」，真意堂叢書本、待學樓本、守山閣叢書本、粤雅堂叢書本同，文津閣本作「祀」。

〔二五〕至元間再模而刻　「模」，文津閣本同，真意堂叢書本、待學樓本、守山閣叢書本、粤雅堂叢書本作「摹」。

〔二六〕宋鄂州嘉魚令丘鄘爲撰廟記　「丘」，原作「邱」，文津閣本、真意堂叢書本、待學樓本、守山閣叢書本、粤雅堂叢書本同，係清人避諱改，今改回。

〔二七〕則知真州楊子縣事徐薦撰　「州」，文津閣本、待學樓本同，真意堂叢書本、守山閣叢書本、粤雅堂叢書本作「定」。待學樓本注：「吴本作『定』，誤。」「楊」，文津閣本、真意堂叢書本、待學樓本、粤雅堂叢書本同，守山閣叢書本作「揚」。待學樓本注：「翁本作『揚』。」

〔二八〕其陝西之秦州河東之太原淮南之揚州河北之真定暨中山府　待學樓本「定」下注：「翁本作『州』，誤。」

〔二九〕凡八所　「八」，待學樓本作「公」，誤。

〔三〇〕重向高堂舉宴杯　「宴」，文津閣本、待學樓本、守山閣叢書本同，真意堂叢書本、粤雅堂叢書本作「晏」。

〔三一〕緑陰欣滿石梁臺　「石梁臺」，韓琦安陽集卷十八載此詩（題作初會畫錦堂）作「鐵梁臺」〔明正德九年張士隆刊本（05047），第一至二葉，國圖網站數字古籍〕，是。本書卷中「康樂園」條稱：「休逸臺，魏公取鄴城冰井臺四鐵梁爲柱。」畫錦堂、休逸臺，均康樂園中建築物。

〔三二〕西廡則有郡人緱山杜瑛所題詩扁　「瑛」，文津閣本、待學樓本同，真意堂叢書本、守山閣叢書本、粤雅堂叢書本作「英」。待學樓本注：「吴本作『英』，誤，今改正，見前。」

〔三三〕神宗震悼　「神宗」，原作「英宗」，文津閣本、真意堂叢書本、待學樓本、守山閣叢書本同，粤雅堂叢書本作「神宗」。按：新出韓琦墓誌載：「熙寧八年六月二十四日，永興軍節度使、守司徒兼侍中、行京兆尹、判相州軍州事、魏國韓公薨於正寢，享年六十八。上聞震悼甚，罷三日視朝。」（拓片載：安陽市文物考古研究所、河南省文物局南水北調文物保護辦公室河南安陽宋代韓琦家族墓地，考古二〇一二年第六期。録文參見：許世娣北宋韓琦墓誌研究，宋史研究論叢二〇一三年下半年刊）則應作「神宗」，今改。

〔二四〕命陪葬山陵　「陵」，原作「林」，據文津閣本、真意堂叢書本、待學樓本、守山閣叢書本、粵雅堂叢書本改。

〔二五〕册賜守墳寺曰傳孝報先之寺云　「傳」，文津閣本、待學樓本、守山閣叢書本同，真意堂叢書本、粵雅堂叢書本作「傅」，誤。待學樓本注：「吴本誤『傅』。」

〔二六〕予偕下郟人李亨　「予」，文津閣本、真意堂叢書本、待學樓本、守山閣叢書本、粵雅堂叢書本作「余」。

〔二七〕因擊碎以釁之　「碎」，文津閣本、真意堂叢書本、待學樓本、守山閣叢書本、粵雅堂叢書本作「破」。待學樓本注：「翁本作『碎』。」

〔二八〕復塞其塚以滅迹　待學樓本「復」下注：「翁本作『後』。」

〔二九〕在河亶甲塚西南　「塚」，文津閣本、待學樓本有，真意堂叢書本、守山閣叢書本、粵雅堂叢書本無，當有。待學樓本注：「吴本脱此字。」

〔三〇〕世傳乃河亶甲后之塚也　「乃」，真意堂叢書本、待學樓本、守山閣叢書本、粵雅堂叢書本有，文津閣本無。

〔三一〕魏武高陵　「高陵」，原作「高平陵」，高平陵爲魏明帝陵號，魏武帝陵號爲高陵，今删「平」字。本書卷下另有「魏明帝高平陵」條。

〔三二〕周圍二百七十步　「圍」，文津閣本、守山閣叢書本作「迴」，真意堂叢書本、待學樓本、粵雅堂叢書本作「回」。待學樓本注：「翁本作『圍』。」

〔二三三〕予登銅爵臺　「予」，文津閣本同，真意堂叢書本、待學樓本、守山閣叢書本、粵雅堂叢書本作「余」。

〔二三四〕西望荒邱煙樹　「邱」，文津閣本、真意堂叢書本、待學樓本、守山閣叢書本、粵雅堂叢書本作「郊」。待學樓本注：「翁本作『邱』。」

〔二三五〕永寧寺僧指示余曰　「余」，真意堂叢書本、待學樓本、守山閣叢書本、粵雅堂叢書本同，文津閣本作「予」。

〔二三六〕城外高丘七十二所　「丘」，原作「邱」，文津閣本、真意堂叢書本、待學樓本、粵雅堂叢書本同，係清人諱避改，今改回。守山閣叢書本作「丘」。

〔二三七〕巋然相望　「巋」，文津閣本同，真意堂叢書本、待學樓本、守山閣叢書本、粵雅堂叢書本作「纍」。待學樓本注：「翁本作『巋』。」

〔二三八〕一高丘之前　「丘」，原作「邱」，文津閣本、真意堂叢書本、待學樓本、守山閣叢書本、粵雅堂叢書本同，係清人諱避改，今改回。

〔二三九〕齊思王之碑　「思」，文津閣本、守山閣叢書本同，真意堂叢書本、待學樓本、粵雅堂叢書本作「忠」。待學樓本注：「翁本作『思』。」

〔二四〇〕西望西陵不十餘里　待學樓本「不」下注：「翁本作『六』，疑誤。」

〔二四一〕予按嚮其間　「予」，文津閣本、真意堂叢書本、待學樓本、守山閣叢書本、粵雅堂叢書本作「余」。

〔二四二〕縱橫出入塚中　「塚」，文津閣本、真意堂叢書本、待學樓本、守山閣叢書本、粵雅堂叢書本作「墓」。

〔二四三〕不知所嚮　「嚮」，原作「鄉」，文津閣本、真意堂叢書本、待學樓本、守山閣叢書本、粵雅堂叢書本作「向」，據改爲「嚮」。

〔二四四〕及魏武帝破鄴　「武」，文津閣本、待學樓本、守山閣叢書本同，真意堂叢書本、粵雅堂叢書本作「文」。待學樓本注：「吴本作『文』，誤。」

〔二四五〕後文帝以郭后無子　「以」，原作「以爲」，文津閣本、真意堂叢書本、待學樓本、守山閣叢書本、粵雅堂叢書本作「以」，今删「爲」字。待學樓本「以」下注：「翁本有『爲』字。」

〔二四六〕見子母鹿　「母」，真意堂叢書本作「毋」，誤。待學樓本注：「吴本誤『毋』，誤。」

〔二四七〕文帝射殺鹿母死　「死」，文津閣本同，真意堂叢書本、待學樓本、守山閣叢書本、粵雅堂叢書本作「遂」，則屬下。待學樓本注：「翁本作『死』。」

〔二四八〕使太常卿甄霞　待學樓本注：「貽端桉：魏志云：『使甄像兼太尉，持節改葬。』此云太常卿甄霞，與魏志異。」

〔二四九〕父老曰李夫人墓　「墓」，文津閣本、真意堂叢書本、待學樓本、守山閣叢書本、粵雅堂叢書本作「塚」。

〔二五〇〕后與夫人甚相善　「善」，文津閣本、待學樓本、守山閣叢書本同，真意堂叢書本、粵雅堂叢書本作「喜」。待學樓本注：「吴本作『喜』，誤。」

〔二五一〕下詔切責　「切責」，真意堂叢書本、粵雅堂叢書本作「功曹」，誤。待學樓本注：「吴本作『功曹』，誤，據范史及翁本改。」

〔二五二〕墓在鎮東南二十五里　「五」，文津閣本、真意堂叢書本、待學樓本、守山閣叢書本、粵雅堂叢書本作「六」。

〔二五三〕判大名府兼北京留守司事　「大」，原作「太」，據文津閣本、真意堂叢書本、待學樓本、守山閣叢書本、粵雅堂叢書本改。

〔二五四〕縣令張棥立石　「棥」，原作「琳」，文津閣本、真意堂叢書本、守山閣叢書本、粵雅堂叢書本同，據待學樓本改。待學樓本注：「本皆誤『琳』，據石刻改，下同。」

〔二五五〕鋒刃加己　「己」，原作「巳」，文津閣本同，待學樓本、守山閣叢書本作「已」，真意堂叢書本、粵雅堂叢書本作「己」，循文意據真意堂叢書本、粵雅堂叢書本改。又按：古人鈔書、刻書「己」、「已」、「巳」多混用。

〔二五六〕而成都王穎　「穎」，原作「潁」，文津閣本、真意堂叢書本同，據待學樓本、守山閣叢書本、粵雅堂叢書本改。

〔二五七〕至血濺帝衣而殞　「帝」，文津閣本、真意堂叢書本、待學樓本、守山閣叢書本、粵雅堂叢書本作「御」。

〔二五八〕可謂得其死不爲難也　待學樓本「謂」下注：「石刻有『處』字。」「死」下注：「石刻有『而』字。」

〔二五九〕天地不可窮　待學樓本「地」下注：「石刻有『知』字。」

〔二六〇〕而公名亦不可窮矣　待學樓本「公」下注：「石刻有『之』字。」

〔二六一〕永永不絶也　「永永」，待學樓本同，文津閣本、真意堂叢書本、守山閣叢書本、粵雅堂叢書本作「永遠」。待學樓本第二「永」字下注：「吴本誤『遠』，石刻下有『而』字。」

〔二六二〕即公死難之地　「地」，待學樓本同，文津閣本、真意堂叢書本、守山閣叢書本、粵雅堂叢書本作「所」。待學樓本注：「吴本誤『所』。」

〔二六三〕今令張君棥至則首拜祠下　「君」，真意堂叢書本作「若」，誤。待學樓本注：「吴本誤『若』。」「棥」，原作「琳」，文津閣本、真意堂叢書本、守山閣叢書本、粵雅堂叢書本同，據待學樓本改。

〔二六四〕覯其隳敝之甚　「覯」，文津閣本、真意堂叢書本、待學樓本、守山閣叢書本、粵雅堂叢書本作「覩」。

〔二六五〕聽其營辦　待學樓本「其」下注：「石刻作『自』。」

〔二六六〕於是民益知夫大賢之忠於國者　「大賢」，文津閣本、待學樓本、守山閣叢書本同，真意堂叢書本、粵雅堂叢書本作「賢人」。待學樓本注：「吴本誤作『賢人』。」

〔二六七〕繇一郡而推諸四方　「繇」，真意堂叢書本、粵雅堂叢書本作「縣」，誤。「郡」，真意堂叢書本、粵雅堂叢書本作「郡縣」，誤。待學樓本注：「吴本『繇』誤『縣』，此又衍『縣』字。」

〔二六八〕則其爲勸也豈小補哉　「哉」，粵雅堂叢書本作「也」。

〔二六九〕具書來告　「具」，真意堂叢書本作「其」，誤。待學樓本注：「吴本誤『其』。」

〔二七〇〕以予嘗兩守鄉邦　「予」，文津閣本、真意堂叢書本、待學樓本、守山閣叢書本、粵雅堂叢書本作「余」。

〔二七一〕予亦勉而執之者　「予」，文津閣本、真意堂叢書本、待學樓本、守山閣叢書本、粵雅堂叢書本作「余」。

〔二七二〕左右欲澣帝衣　「帝」，文津閣本、守山閣叢書本同，真意堂叢書本、待學樓本、粵雅堂叢書本作「所」。待學樓本注：「翁本作『帝』。」

〔二七三〕又持手版仕昏朝　「版」，文津閣本、真意堂叢書本、待學樓本、粵雅堂叢書本同，守山閣叢書本作「板」。「仕」，文津閣本、真意堂叢書本、待學樓本、守山閣叢書本、粵雅堂叢書本作「事」。「昏」，真意堂叢書本作「皆」，誤。待學樓本注：「吴本誤『皆』。」

〔二七四〕一杯欲酹祠前土　「酹」，真意堂叢書本作「酧」，誤。

〔二七五〕年九十二卒　文津閣本、真意堂叢書本、待學樓本、守山閣叢書本、粵雅堂叢書本「二」後有「歲」字。

〔二七六〕十二月早　「早」，真意堂叢書本、待學樓本、粵雅堂叢書本同，文津閣本、守山閣叢書本作「蚤」。

〔二七七〕予嘗讀趙文敏公松雪齋文集有紀夢嵇侍中　「予」，文津閣本、真意堂叢書本、待學樓本、守山閣叢書本、粵雅堂叢書本作「余」。

〔二七八〕彰德朱長孺　「孺」，文津閣本、待學樓本同，真意堂叢書本、守山閣叢書本、粵雅堂叢書本作「儒」，誤。待學樓本注：「吴本作『儒』，誤。」

〔二七九〕求書晉嵇侍中之廟六字　「求」，真意堂叢書本作「來」，誤。待學樓本注：「吴本誤『來』。」

〔二八〇〕京口石民瞻館予書室中　「予」，原作「於」，真意堂叢書本、待學樓本、粵雅堂叢書本作「于」，文津閣本、守山閣叢書本作「予」，玩其文意，作「予」更佳，今改。

〔二八一〕蓬首玄衣　「玄」，原作「元」，待學樓本同，文津閣本、守山閣叢書本、粵雅堂叢書本缺末筆，係清人避諱改，今改回。真意堂叢書本作「充」。待學樓本「元」下注：「吴本作『充』。」

〔二八二〕今日趙子昂爲予書廟額　「予」，文津閣本、真意堂叢書本、待學樓本、守山閣叢書本、粵雅堂叢書本作「余」。

〔二八三〕臨漳縣南　「漳」，守山閣叢書本作「彰」，誤。

〔二八四〕雖未嘗讀儒家書　「家」，真意堂叢書本作「冢」，誤。待學樓本注：「吴本誤『冢』。」

〔二八五〕與一時學士論辨　「論辨」，文津閣本、真意堂叢書本、待學樓本、守山閣叢書本、粵雅堂叢書本作「辨論」。

〔二八六〕澄匿勒大將郭黑略家　「大」，真意堂叢書本作「火」，誤。待學樓本注：「吴本誤『火』。」待學樓本「將」下注：「桉：晉書有『軍』字。」

〔二八七〕澄意本在冉閔　「冉」，真意堂叢書本作「再」，誤。待學樓本注：「吴本作『再』，誤。」

〔二八八〕謂弟子曰　待學樓本「子」下注：「翁本誤衍『又』字。」

〔二八九〕戊申禍亂漸萌　待學樓本「申」下注：「晉書本傳作『寅』。」

〔二九〇〕以國家心存佛理　「理」，文津閣本、守山閣叢書本、粤雅堂叢書本同，真意堂叢書本、待學樓本作「心」。待學樓本注：「翁本作『理』。」今按：當作「理」，前已有「心存」二字。

〔二九一〕歿無恨矣　「歿」，真意堂叢書本、待學樓本、守山閣叢書本、粤雅堂叢書本同，文津閣本作「没」。

〔二九二〕鑿壙營壽域　「域」，文津閣本、真意堂叢書本、待學樓本、守山閣叢書本、粤雅堂叢書本作「藏」。

〔二九三〕乃節度使薛嵩掩骨作此大塚　「乃」，真意堂叢書本、待學樓本、守山閣叢書本、粤雅堂叢書本同，文津閣本作「及」，誤。

〔二九四〕安陽縣西北五十里水治村　「水」，文津閣本、守山閣叢書本同，真意堂叢書本、待學樓本、粤雅堂叢書本作「永」。待學樓本注：「翁本作『水』。」

〔二九五〕翰林承旨王珪書　待學樓本「旨」下注：「貽端桉：石刻『承旨』作『學士』。」

〔二九六〕宋故太中大夫行右諫議大夫南陽郡開國男贈開府儀同三司太師中書令兼尚書令魏國公韓公神道碑銘　「太」，待學樓本同，文津閣本、真意堂叢書本、守山閣叢書本、粤雅堂叢書本作「大」。待學樓本注：「吴本作『大』。」待學樓本「郡」下注：「石刻作『縣』。」

〔二九七〕中興國二年甲科　待學樓本「中」下注：「桉：石刻『初』下缺二字，下有『平』字，則此『中』字下當是脱『太平』二字。」

〔二九八〕拜右拾遺　「右」，原作「左」，文津閣本、真意堂叢書本、守山閣叢書本、粤雅堂叢書本同，據待學樓本改。待學樓本注：「本皆誤『左』，據石刻改。」

〔二九九〕入三司爲開坼推官　「坼」，原作「封」，文津閣本、真意堂叢書本、守山閣叢書本、粤雅堂叢書本同，據待學樓本改。待學樓本注：「本皆作『封』，蓋因下文『開封判官』而誤。按：開坼司主出納三部文籍，今據石刻改。」

〔三〇〇〕契丹大將蕭寧使叩雄州約和州將劉福信之　「和」，待學樓本同，文津閣本、真意堂叢書本、守山閣叢書本、粵雅堂叢書本作「戰知」。待學樓本注：「吳本作『戰』，下有『知』字，當是『和』字之訛，上誤衍一『戰』字。今據翁本及石刻改。」「將」，原無，據待學樓本補。「劉」，原作「留」，文津閣本、真意堂叢書本、守山閣叢書本、粵雅堂叢書本同，據待學樓本改。待學樓本「劉」下注：「『州』下本皆脱『將』字，又『劉』誤作『留』，並據石刻補正。」

〔三〇一〕歷判鹽鐵度支户部三勾院　「勾」，文津閣本、待學樓本同，真意堂叢書本、守山閣叢書本、粵雅堂叢書本作「司」。待學樓本注：「吳本作『司』，誤，下同。」

〔三〇二〕詔總判三司　「司」，原作「勾」，文津閣本、待學樓本同，據真意堂叢書本、守山閣叢書本、粵雅堂叢書本改。按：下文即云「公益奮條三司不便事二十七上之」。

〔三〇三〕公益奮條三司不便事二十七上之　待學樓本「奮」下注：「翁本誤『舊』。」

〔三〇四〕俄出爲京東轉運副使　待學樓本同，文津閣本、真意堂叢書本、守山閣叢書本、粵雅堂叢書本「俄」後有「而」字。待學樓本注：「吳本衍『而』字。」

〔三〇五〕公以精騎屯胡兒谷　「胡兒」，文津閣本、真意堂叢書本、守山閣叢書本、粵雅堂叢書本作「吳二」，待學樓本作「吳兒」。待學樓本注：「翁本『吳』作『胡』，吳本『兒』作『二』，俱誤，據石刻改。」

〔三〇六〕天子封泰山　「泰」，文津閣本、守山閣叢書本同，真意堂叢書本、待學樓本、粵雅堂叢書本作「太」。

〔三〇七〕瑄　原作「珙」，文津閣本、真意堂叢書本、守山閣叢書本、粵雅堂叢書本同，據待學樓本改。待學樓本注：「本皆誤『珙』，據石刻改。」

〔三〇八〕被遇今天子　「遇」，原作「遺」，文津閣本、真意堂叢書本、守山閣叢書本、粵雅堂叢書本作「遇」，待學樓本作「遺」。待學樓本注：「吴本誤『遇』，翁本誤『遺』。桉：石刻作『遺』，下有『制立』二字，今『天子』下無『立』字，此其録文略而有誤。」循現有文意，作「遇」可通，據文津閣本等改。

〔三〇九〕立爲門下侍郎兼兵部尚書同中書門下平章事昭文館大學士衛國公　「衛」，原作「魏」，文津閣本、真意堂叢書本、守山閣叢書本同，待學樓本作「衛」，據待學樓本改。待學樓本注：「本皆誤作『魏』，據石刻改。」許畹重刊河朔訪古記叙云：「『韓諫議碑』下云昭文館大學士、衛國公，『衛』本皆誤『魏』，校據石刻改。桉此碑立於嘉祐十八年十一月，宋史琦以英宗嗣位封衛國公，正在是年。及治平元年，乃封魏國公。後人習知有韓魏公，而不知其嘗封衛，此所以誤也。」

〔三一〇〕望重天下　待學樓本「重」下注：「石刻作『臨』。」

〔三一一〕其傳之者又可涯耶　「又」，待學樓本同，文津閣本、真意堂叢書本、守山閣叢書本、粵雅堂叢書本作「其」。待學樓本注：「吴本誤『其』。」「耶」，文津閣本、真意堂叢書本、待學樓本、守山閣叢書本、粵雅堂叢書本作「邪」。

〔三一二〕使臨東夷　「東夷」，原作「朝鮮」，文津閣本、真意堂叢書本、待學樓本、守山閣叢書本、粵雅堂叢書本作「東夷」，又查金石萃編卷一百三十五所載韓國華神道碑作「東夷」（石刻史料新編第一輯第四册影清嘉慶十一年經訓堂刊本，第二五三四頁），今改作「東夷」。按：「朝鮮」非宋代名詞，當係清人所改。

〔三一三〕指麾出師　「麾」，待學樓本同，文津閣本、真意堂叢書本、守山閣叢書本、粵雅堂叢書本作「揮」。待學樓本注：「吴本作『揮』。」

〔三一四〕勢分狄患　「狄」，原作「敵」，文津閣本、真意堂叢書本、待學樓本、守山閣叢書本、粵雅堂叢書本作「狄」，又查金石萃編卷一百三十五所載韓國華神道碑作「狄」（石刻史料新編第一輯第四冊，第二五三四頁），今改作「狄」。按：銘詞前用「東夷」，此處用「狄」，正相呼應。作「敵」，當出清人所改。

〔二五〕視詔抹刺　「抹」，文津閣本、待學樓本同，真意堂叢書本、粵雅堂叢書本作「揀」，守山閣叢書本作「揀」。待學樓本注：「吴本作『揀』，誤。」「刺」，原作「刺」，待學樓本同，文津閣本、真意堂叢書本作「刺」，又查金石萃編卷一百三十五所載韓國華神道碑作「刺」（石刻史料新編第一輯第四冊，第二五三四頁），今改作「刺」。

〔二六〕不奉其虔　待學樓本「其」下注：「石刻作『以』。」

〔二七〕以訶以讕　待學樓本「訶」下注：「石刻作『何』。」

〔二八〕日星之觀　「星」，待學樓本同，文津閣本、真意堂叢書本、守山閣叢書本、粵雅堂叢書本作「月」。待學樓本注：「吴本誤『月』。」

〔二九〕王雖島酋　「島酋」，原作「遠人」，文津閣本、待學樓本作「島酋」，真意堂叢書本、守山閣叢書本、粵雅堂叢書本作「島首」。待學樓本於「酋」下注：「吴本誤『首』。」查金石萃編卷一百三十五所載韓國華神道碑作「島酋」（石刻史料新編第一輯第四冊，第二五三四頁），今改作「島酋」。

〔三〇〕革頑易慳　「革」，真意堂叢書本作「草」，誤。待學樓本注：「吴本誤『草』。」待學樓本「慳」下注：「石刻作『慳』。」

〔三一〕對盧耨薩　「盧」，原作「廬」，文津閣本、真意堂叢書本、守山閣叢書本、粵雅堂叢書本同，據待學樓本改。「耨」，待學樓本同，文津閣本、真意堂叢書本、守山閣叢書本、粵雅堂叢書本作「褥」。待學樓本「盧耨薩」下注：「三字吴本誤作『廬褥薩』，翁本『盧』誤『同』，『薩』誤『薩』，據石刻改。」按：對盧、耨薩爲高麗官名。

〔二二〕伏命館門　「伏」，守山閣叢書本作「仗」，誤。

〔二三〕能俾遠夷　「夷」，原作「荒」，文津閣本、待學樓本作「夷」，真意堂叢書本、守山閣叢書本、粤雅堂叢書本作「人」。待學樓本注：「吴本誤『人』。」查金石萃編卷一百三十五所載韓國華神道碑作「夷」（石刻史料新編第一輯第四册，第二五三四頁），今改作「夷」。

〔二四〕又俾强虜　「虜」，原作「敵」，文津閣本、真意堂叢書本、守山閣叢書本、粤雅堂叢書本同，待學樓本作「虜」。待學樓本注：「吴本誤『敵』，下『虜』、『姦』字同。」查金石萃編卷一百三十五所載韓國華神道碑作「夷」（石刻史料新編第一輯第四册，第二五三四頁），今改作「虜」。又按：作「敵」，當出清人所改，非誤字。

〔二五〕二邦由公　「由」，真意堂叢書本作「田」，誤。

〔二六〕議收戈戮　「戈」，文津閣本、待學樓本、守山閣叢書本同，真意堂叢書本、粤雅堂叢書本作「弋」。待學樓本注：「吴本誤『弋』。」

〔二七〕虜姦不施　「虜姦」，原作「敵謀」，真意堂叢書本同，文津閣本、守山閣叢書本、粤雅堂叢書本作「敵姦」，待學樓本作「虜姦」。查金石萃編卷一百三十五所載韓國華神道碑作「虜姦」（石刻史料新編第一輯第四册，第二五三五頁），今改作「虜姦」。

〔二八〕不爲其欺　「欺」，文津閣本、待學樓本、守山閣叢書本同，真意堂叢書本、粤雅堂叢書本作「欸」。待學樓本注：「吴本作『疑』，誤。」今按：待學樓本注中「疑」當作「欸」。

〔二九〕國不剉威　「剉」，文津閣本同，真意堂叢書本、待學樓本、守山閣叢書本、粤雅堂叢書本作「挫」。

〔三〇〕出知四州　待學樓本注：「此句石刻作『益之衆美』。」

〔三二〕道卒不歸遐邇奔赴　待學樓本注：「此二句石刻作『道卒遐裔』一句。」
〔三三〕與考同之　待學樓本注：「石刻下有『勤官攸致』一句。」
〔三三〕本支源流　「支」，原作「志」，文津閣本、守山閣叢書本、真意堂叢書本、粤雅堂叢書本作「忘」，據待學樓本改。待學樓本注：「吴本作『忘』，翁本作『志』，俱誤，據石刻改。」
〔三四〕安陽縣南關焦道士庵　「關」，文津閣本、守山閣叢書同，真意堂叢書本、待學樓本、粤雅堂叢書本作「門」。待學樓本注：「翁本作『關』。」「焦道士庵」，原作「焦道庵士」，真意堂叢書本、待學樓本、守山閣叢書本、粤雅堂叢書本同，據文津閣本改。
〔三五〕字京叔　「京」，粤雅堂叢書本作「景」。
〔三六〕渾源人　「渾」，真意堂叢書本、粤雅堂叢書本作「潭」，誤。待學樓本注：「吴本誤『潭』。」待學樓本「源」下注：「翁本有『州』字。」
〔三七〕粘合中書招置幕下　「粘合」，原作「尼瑪哈」，係清人所改，今改回。真意堂叢書本、待學樓本、守山閣叢書本、粤雅堂叢書本亦作「尼瑪哈」。待學樓本注：「翁本作『粘合』。」
〔三八〕有神川遯士集行世　「川」，真意堂叢書本作「州」，誤，待學樓本注：「吴本作『州』，誤。」「士」，文津閣本作「世」，誤。
〔三九〕關西楊奂然天興近鑑　待學樓本「奂」下注：「貽端桉：楊名奂字焕然，此稱字，當作『焕』。」

卷下　河南郡部

106 河南郡部河南府路。禹貢豫州之域。周武王定鼎於郟鄏，則今王城也。成王卜澗水東、瀍水西，〔一〕即今府城也。秦置三川郡，謂大河、伊、洛三川也。項羽立瑕丘申陽爲河南。〔二〕至漢爲河南郡。〔三〕光武都洛陽。魏置司州，襲都於此。西晉亦都洛。魏孝武自此遷都長安。〔四〕東魏改洛州。周大象間，爲東京，置洛陽郡。隋爲洛州，大業間遷都於此，改曰豫州，尋爲河南郡。唐復爲洛州，號曰東都。五代梁改西京。宋爲西京河南府。金改曰金昌府全勝軍。國朝改曰河南府路，領州一，曰陝州，陝州統縣四，曰洛陽，曰偃師，曰登封，曰鞏。

謹案元史地理志，〔五〕當作領州一，縣八。縣曰洛陽、宜陽、永寧、登封、鞏縣、孟津、新安、偃師。州曰陝州。陝州統四縣，曰陝縣、靈寶、閿鄉、澠池。

107 洛陽縣。周之下都，是爲成周也。〔六〕漢爲河南郡，治曰平陰縣。東漢改洛陽縣。晉曰金墉城。〔七〕唐曰來庭縣，神龍初，仍改洛陽。宋、金因之。國朝爲河南府路附郭縣。

108 白馬寺。洛陽城西雍門外白馬寺，即漢之鴻臚寺也。永平十四年，摩騰三藏法師以白馬馱經至此，因建寺，以「白馬」名焉。〔八〕鴻臚寺，漢爲掌外夷客官署，〔九〕三藏以西域僧，故得館於此。自古惟官府有寺，佛廟得名，蓋踵鴻臚之名，始於白馬也。寺有闢聖堂二所，〔一〇〕世傳三藏與褚善信讎校經義之所。又有三藏贊碑一通，撰文、書篆皆宋真宗御製也。〔一一〕又有翰林學士蘇易簡所撰碑一通，備載寺之興廢始末甚詳。至欽宗靖康時，毀於金人兵火。逮國朝至元七年，世祖皇帝從帝師八思巴之請，〔一二〕大爲興建，門廡堂殿，樓閣臺觀，鬱然天人之居矣。〔一三〕庭中一鉅碑，龜趺螭首，高四丈餘。碑首刻曰「大元重修釋源大白馬寺賜田功德之碑」，榮禄大夫、翰林承旨閻復奉敕撰。〔一四〕碑曰：「聖上大德改元之四年冬十月，釋源大白馬寺告成，詔以護國仁王寺水陸田在懷孟六縣者千六百頃，充此恒産，永爲皇家子孫祈福之地。仍命翰林詞臣書其事於石。臣復謹按清慧真覺大師文才所具事蹟：漢永平中，摩騰、竺法蘭以白馬馱經，至於西雍，〔一五〕初假館於鴻臚，後即東都雍門外，建白馬寺，爲譯經之所。嗣後，沙門踵至，若康僧會之於吴，佛圖澄之於晉，鳩摩羅什、求那跋摩之於宋，〔一六〕玄奘、無畏之於唐。〔一七〕千載而下，經論日繁，〔一八〕教風日競，北至幽都，南踰瘴海，東極扶桑，西還月窟，蓮宮梵宇，彌亘大千，實權輿於此。緜歷劫火，寺之興廢，所可考者，〔一九〕宋翰林學士蘇易簡文石在焉。〔二〇〕國初，有僧白英山主，〔二一〕以醫術居洛，罄藥囊之貲，謀爲起廢。或訝其規模太廣，工用莫繼，則曰：『茲寺中華佛教根柢，他日必有大事因緣，予第爲張本爾。』〔二二〕至元七年，帝師大寶法王八思巴，〔二三〕集郡國教釋諸僧，〔二四〕登壇演法，從容詢於衆曰：『佛法至中國，始於何時？首居何刹？』扶宗弘教大師龍川講主行育，〔二五〕時在衆中，〔二六〕乃引永平之事以對，〔二七〕且以營建爲請。會白馬寺僧行政言與行育叶，〔二八〕帝師嘉納，聞於世祖聖德神功文武皇帝，特敕行育，綜領修寺之役。經度之始，無所取財，遍訪檀施於諸方，洊更歲龠，〔二九〕而未覩成效。帝師聞之，申命大師紈巴董其事。〔三〇〕紈巴請假護國仁王寺田租，〔三一〕以供土木之費，詔允其請。裕宗文惠明孝皇帝，時在東宮，亦出帛幣爲助。於是工役始大作，爲殿九楹，法堂五楹，前三其門，傍翼以閣，雲房、精舍、齋庖、庫厩，〔三二〕以次完具。位置尊嚴，繪塑精妙，蓋與都城萬安、興教、仁王三大刹比勣焉。始終閲二紀之久，緣甫集而行育卒，詔贈司空、鴻臚卿，謚『護法大師』。文才繼主席，〔三三〕酬酢衆務，率其屬敏於事者曰浄汴等以畢寺之餘功。落成之際，仁王寺欲復所假田租，文才即遣僧奭言於紈巴曰：〔三四〕『轉經頌禧，寺所以來衆僧也。有寺無田，衆安仰？』紈巴令宣政院官答失蠻等奏請，〔三五〕遂有賜田之命，且敕有司世世勿奪」云。〔三六〕一在宜陽縣治西九十里。〔三七〕一在永寧縣東南二十五里。

109 應天禪院。在河南府城東北市坊火燒街，即太祖降生甲馬營故基也。大中祥符九年，西京應天院太祖神御殿成，爲屋九百九十一區，命宰相向敏中爲奉安聖容禮儀使，入内都知張景管勾奉迎，敕諫議大夫戚綸告永昌陵。

110 上清宮。在洛陽縣西北北邙山之西。唐老子廟，乾封賜額曰「玄元皇帝廟」。〔三八〕開元末，西北別建玄元觀，〔三九〕復改曰上清宮。宮壁有吴道子畫神堯、太宗、中宗、睿宗、玄宗五帝御容。〔四〇〕又有玄宗齋宮詩碑。〔四一〕朱温廢爲老子廟。後唐莊宗復爲上清宮云。杜少陵有冬日洛城謁玄元皇帝廟詩，〔四二〕即其宮也。牛口谷、榆窠園皆在宮之相近云。廟壁龕杜甫五言古詩一首，〔四三〕唐陸肱所書碑也。

111 嵩陽宮。在登封縣北五里，本漢武帝宮也。後魏建精思觀。〔四四〕隋改上陽觀。唐武后改嵩陽宮。大中祥符二年，改天封觀，後復爲嵩陽宮。宮有漢武帝御井、古柏二株，蔭數百步，武后皆封五品大夫，世稱大小將軍云。宮前聖德感應頌碑一通，唐徐浩書。殿東柱刻曰：「國子博士韓愈與著作郎樊宗師、處士盧仝、道士趙元遇，〔四五〕元和四年三月二十六日題。」

112 崇福宮。在登封縣東北四里，乃古太乙之所治也。宮後有太乙殿，殿後有太乙泉云。〔四六〕至宋章聖朝合州進木文丈人，其事甚怪，比至京，木中人呼萬歲者三，詔賜崇福宮安奉。故李廌方叔有詩曰：「真人友造化，故與物爲一。持此誠與神，可貫金與石。何爲輒入木，厭世未肯出。衣冠儼如生，隱若顧陸筆。」

113 測影臺。在登封縣東南二十五里天中鄉告成鎮，周公測影臺石蹟存焉。告成即古嵩州陽城之墟，是爲天地之中也。臺高一丈二尺，周十六步，可容八席。周禮：「大司徒以土圭之法，測土深，正日景，以求地中，〔四七〕迺建王國焉。〔四八〕日至之景尺有五寸，謂之地中。」唐開元十一年，詔太史監南宫説，以石立表。宋大中三年，〔四九〕汜水令李偃重建，增崇七尺。國朝至元十六年，太史令郭守敬奏設監候官十有四員，分道測景。十八年，奉敕於古臺之北築臺，高三十六尺。〔五〇〕中樹儀表，上爲四銅環，規制極精緻。命有司營廨舍門廡。又於古臺、新臺南，建周公之廟以祀之。其碑，則河南憲史李用中撰文也。臺西，則天中觀云。

114 嵩山中嶽廟。在登封縣東一十二里，曰中嶽廟。殿屋宏麗，垛樓、四闕角，復道聯屬，儗於宫庭。三門之下，二衛神皆鐵鑄，極雄偉。兩廡碑石森列，皆國朝代祀者所立也。又有唐碑一通，韋行儉所撰。宋碑三通，盧多遜、王曾、陳知微所撰。國朝修廟碑一通，則盧陵歐陽玄撰也。〔五一〕廟西又有鎮皇廟云。中嶽之神，今封爲中天大寧崇聖帝。

115 中嶽中天崇聖帝廟。在登封縣。按中嶽，唐武太后垂拱四年，改嵩山爲神嶽，加嶽神爲太師、使持節、神嶽大都督，〔五二〕封天中王，〔五三〕禁斷芻牧。萬歲登封元年，尊爲神嶽天中黄帝，〔五四〕天靈妃爲天中黄后，後罷之。明皇天寶五載，封中天王。至宋大中祥符四年，〔五五〕號中嶽崇聖帝、貞明后。乾興元年，改顯明皇后。唐開元八年建。考唐制，每歲土王，河南尹奉詔祀嶽。〔五六〕至宋，亦知府往祠，慶曆後，〔五七〕命通判攝事。〔五八〕今在縣東北九里。

按其神性慈，傳五戒，不享葷辛。廟始在東南嶺上，今廟之東。〔五九〕後魏太武帝太安中，〔六〇〕徙於神蓋山，在今廟之北。至宋太武，〔六一〕方移於此。廟南有雙石闕，外石人一對，闕上多記刻，後漢安帝元初年建。

116 昇仙太子廟。在偃師縣南，古緱氏縣東南二十里，曰府店。店南緱氏之上，有昇仙太子廟。古曰王仙君廟，漢武建西王母祠於其右。王母姓緱氏，故以名其山云。唐武后萬歲通天元年，改賜今額，又曰賓天觀。觀有唐二碑，一通乃左相陳希烈撰文，徐浩書；一通則武后自書撰也。二碑今皆不存，今惟有一碑，國朝陳天祥所撰者也。天祥敭歷臺諫，素有風節，〔六二〕爲時名臣，贈平章政事、趙國公，謚曰文忠，世尊之爲緱山先生。按神仙傳曰：「周靈王太子名晉，字子喬，〔六三〕好吹笙，作鳳鳴，游伊洛之間。浮丘公接以上嵩高山，〔六四〕學神仙之道。三十年後七月七日，乘白鶴而去，因立祠於緱山之下焉。」祠南有浴鶴池、仙屋、石室。〔六五〕武后於石室中，開石匣得一古劍，神光赫然。緱山，大抵若覆盂之狀，高不百尋，周不數里，且無泉石之勝，因仙居之名而著聞四方也。土人云：「至今風月清夜，窅然時聞笙簫之聲。」

117 漢光武帝原陵。在臨平亭南。方三百二十步，高六丈。西望平陰，去洛陽東南十里。案：〔六六〕帝王世紀作十五里。

118 漢明帝顯節陵。在洛陽縣東南三十七里，故富壽亭也。陵周三十丈二尺，無周垣。行馬四出，在殿北。提封田七十四頃。

119 漢章帝敬陵。帝王世紀曰：「在洛陽縣東南三十九里。陵周三百步，高二丈六尺，無周垣。爲行馬四出司馬門，〔六七〕鍾虡皆在行馬内，〔六八〕寢殿、園省在東，園寺、吏舍在殿北。提封田十二頃五十七畝八十五步。」案：〔六九〕河南志作提封田二十頃五十五畝。

120 和帝慎陵。在洛陽縣東南四十一里。陵周三百八十步，高十丈。

121 順帝憲陵。在洛陽縣西十五里。陵周三百步，高八丈四尺。北邙山下，制度並同前。但鍾虡在司馬門内，〔七〇〕寢殿、園省寺、吏舍在殿東。提封田四十八頃十九畝三十步。〔七一〕

122 魏明帝高平陵。在洛陽縣東南四十里大石山，〔七二〕即萬安山也。

123 宋太祖永昌陵。在芝田西四十里。陪葬子孫十五墳。

124 宋太宗永熙陵。在芝田西南四十里。皇堂深百尺，方廣八十尺，陵臺方二百五十尺。置守陵五百人。陪葬子孫凡八墳。

125 真宗永定陵。在芝田北五里。皇堂深八十一尺，上方百四十尺。

126 仁宗永昭陵。在芝田北十二里。初崩，發諸路卒四萬六千七百八十人，修奉山陵。

127英宗永厚陵。南至定陵七里一百三十步，東至昭陵九十步。

128神宗永裕陵。在永厚陵之西。

129哲宗永泰陵。在裕陵東北。

130漢劉寬墓。在洛陽上東門外。墓南二碑，漢隸，蔡邕所書。碑首題曰「漢太尉、車騎將軍、特進、逯鄉侯劉公碑」。〔七三〕其一碑，門生殷包等所立，〔七四〕碑陰刻贈物緑含玉、落星錦之類。一碑，故吏李謙所立也，〔七五〕碑陰刻故吏鄉里名氏云。二碑所載，與漢書同，但遷官次序頗略異耳。寬以漢中平二年卒，至唐咸亨元年，其裔孫湖城公爽，〔七六〕以碑歲久皆仆於野，爲再立之，併記其世序云。嗚呼！前世士大夫世家著之譜牒，〔七七〕故自中平至於咸亨，四百餘年，而爽能知世次之詳也。今之譜學亡矣，雖名臣巨族，未有家譜。然而俗習苟簡廢失者，〔七八〕豈止家譜而已哉！

131杜氏墳。在鞏縣西五十二里，首陽山東。唐杜審言及子閑、孫甫三世墓，〔七九〕皆在焉。

132宋參知政事范文正公仲淹墓。在洛陽縣南七十里，神陰鄉彭婆店東北萬安山下。其子丞相忠宣公堯夫以下皆祔葬。兆内文正公之碑，則歐陽文忠公撰文，賜曰「懷賢之碑」。〔八〇〕忠宣公神道碑，則曾文昭公肇撰文，賜曰「世濟忠直之碑」。〔八一〕墓東則守墳褒賢寺，〔八二〕寺有范氏復祖墳碑一通，〔八三〕天台陳基之文也。其略曰：「宋太師魏國范文正公以上三世墳墓，皆在吳門之天平山，至公始葬洛陽母謝夫人之兆，其子丞相忠宣公以下三世皆祔焉。靖康之亂，子孫在吳，弗獲展墓。逮我元混一，故公克登祀典，有司致祭惟謹。公八世孫文英，謂其子廷方曰：『吾子孫幸生明時，憑籍餘澤，〔八四〕食有義田，居有義宅，教有義塾，而祖宗丘隴鞠爲芻牧之區，〔八五〕尚安得爲子孫哉？』廷方自吳門，不遠數千里，致其父命於河南。僉憲李齊、御史斡勒海壽出金，〔八六〕爲倡率其鄉黨牧倅奉牲墓下，豪民觀感，卒復所封舊地，薙草，繚垣，壞樹，築室，俾甥趙氏廬其上。」又曰：「文正公以間生之氣、王佐之材，〔八七〕致位將相，爲宋忠臣。誦其詩，讀其書，可以立忠信而尊君父，興王道而致太平。其父子窀穸，使斧斤耒耜相尋其中，豈國家尸祝以待先賢之意乎？」基字敬初，能詩文。游京師，名稱籍甚，〔八八〕則余之故人也。

133 邵康節先生之墓。在洛陽縣南，伊闕西南九里，曰辛店，伊水西也。

134 洛陽金石刻。漢碑：〔八九〕大尉劉寬碑二通、〔九〇〕丞相蕭何碑。折作兩段。魏碑：〔九一〕三斷碑二通。皆漫無字。齊碑：〔九二〕佛龕碑、天統三年立，武平二年刻。〔九三〕二祖天師碑、馮翊王平等寺碑。〔九四〕後魏碑：〔九五〕侍中廣平穆王碑、俗云陵冢碑，大昌元年立。景王碑、魏汝南文宣王碑、末帝碑、元魏碑、韓殷隸書，天平四年立。〔九六〕昇仙太子廟碑。梁雅文。〔九七〕唐碑：〔九八〕啓母廟碑、楊炯文。〔九九〕

金字碑、韓滉書。〔一〇〇〕義成軍節度使曹公碑、長慶四年立。程公碑、陸賢書，開元二十年立。〔一〇一〕劍南東西川鹽鐵青苗租庸等使兼殿中侍御史虢州刺史嚴公碑、顏頵書，〔一〇二〕元和中立。龍門龕石像碑、袁元哲書。〔一〇三〕彭王傅贈太子少師徐浩碑、次子徐峴書。〔一〇四〕啓聖宮臺敕碑、太子亨題。〔一〇五〕雒陽尉馬允中碑、〔一〇六〕黄門侍郎孫公碑、荆州長史孫公碑、張庭諷書。〔一〇七〕延州刺史孫公碑、開元二年立。齊州刺史崔府君碑、崔平書，大中八年立。〔一〇八〕陳公碑、蕭祐書。〔一〇九〕右僕射曹公碑、貞元四年立。〔一一〇〕左僕射牛公碑、長慶三年立。邕州刺史裴公碑、鄭還古書，開成五年立。〔一一一〕房州刺史盧府君碑、張文禧書，貞元九年立。〔一一二〕東都留守盧府君碑、開元中立。太原少尹盧府君碑、張文禧書，貞元九年立。〔一一三〕歙州刺史郭府君碑、開元十二年立。〔一一四〕散騎常侍黎公碑、嗣子書，太和中立。塞軍使張公碑、丞相司空李公碑、太和中立。明威將軍田府君碑、韓尊師道德碑、開成四年立。太子賓客王府君碑、周式書，大曆中立。〔一一五〕工部侍郎趙公碑、王宣書，開元十年立。左衛大將軍卞國公泉公碑、彭杲書。〔一一六〕左僕射太子少保劉公碑、都督隴右羣牧韋公碑、秦公碑、太子少師崔公碑、〔一一七〕廬州司馬劉府君碑、真堂記碑、〔一一八〕測景臺記碑、會喜寺碑、徐洪八分書。〔一一九〕嵩嶽廟碑、八分書。嵩山寺頌碑、胡莫書，開元十七年立。辯正禪師奉先塔銘碑、〔一二〇〕徐現書。〔一二一〕太子翊善鄭公碑、光福寺塔題名碑、王仲舒書。〔一二二〕嵩山題名碑、韓愈書。〔一二三〕江陰縣令武登碑、長慶四年立。澠池縣南館記碑、盧元卿八分書。太子賓客孟簡碑、〔二四〕普寧郡王陳府君碑、蕭祐書。權公碑、太原尹唐公碑、盧曉八分書。工部侍郎趙國公碑、襄陽李公碑、惠林寺題名碑、惠林寺新修軒廊記碑、清河崔公碑、太子賓客孔府君碑、〔二五〕諫議大夫王府君碑、白樂天墓志碑、〔二六〕刑部尚書白居易碑、許郃書。吏部郎中盧府君碑、如雲筠禪師碑、楊遠書。尊勝幢碑、篆書。心經幢子碑、篆書。〔二七〕白樂天龍門八節灘詩碑、樂天自書。鄭州司馬王公碑、景龍三年立。伊州刺史衛府君碑、長安三年立。蕭府君碑、杭州刺史李公碑、郜公書。邛州刺史狄君碑、〔二八〕幽林思嵩山詩碑、韓覃作。〔二九〕杜甫題玄元皇帝廟詩碑、〔三〇〕陸肱書。白樂天香山寺詩三十韻碑、賀拔惎書。〔三一〕李德裕平泉山居詩碑、〔三二〕天后御製詩碑、王知恭書。〔三三〕後魏大將軍泉府君碑、華夷圖碑、〔三四〕洪州録事參軍趙道先碑、節度使畢公碑、庚惟蔚書，〔三五〕咸通六年立。魏公碑、太和六年立。隋州録事參軍狄公碑。〔三六〕

校勘記

〔一〕成王卜澗水東瀍水西　「澗水東瀍水西」，原作「瀍水東澗水西」，文津閣本、真意堂叢書本、守山閣叢書本、粵雅堂叢書本同，待學樓本作「澗水東瀍水西」，查尚書洛誥作「澗水東瀍水西」，今改。

〔二〕項羽立瑕丘申陽爲河南　「立」，文津閣本、真意堂叢書本、待學樓本、守山閣叢書本、粵雅堂叢書本作「以」。待學樓本注：「翁本作『立』。」「丘」，原作「邱」，文津閣本、真意堂叢書本、待學樓本、粵雅堂叢書本同，係清人避諱改，今改回。守山閣叢書本作「丘」。

〔三〕至漢爲河南郡　「至」，文津閣本、真意堂叢書本、待學樓本、守山閣叢書本、粵雅堂叢書本同。按：河朔訪古記全篇叙述沿革少用「至」某一朝代之措辭。史記項羽本紀載：「瑕丘申陽者，張耳嬖臣也。先下河南，迎楚河上，故立申陽爲河南王，都雒陽。」（卷七，中華書局點校本二十四史修訂本，第三九九頁）則「至」似爲「王」字之訛，屬上。「至」、「王」二字形近。

〔四〕魏孝武自此遷都長安　「魏」，原作「宋」，文津閣本、真意堂叢書本、待學樓本同，守山閣叢書本、粵雅堂叢書本作「魏」，符合史實，據改。

〔五〕謹案元史地理志　「案」，文津閣本、真意堂叢書本、守山閣叢書本同，待學樓本作「桉」，粵雅堂叢書本作「按」。

〔六〕是爲成周也　「也」，文津閣本、守山閣叢書本、粵雅堂叢書本同，真意堂叢書本、待學樓本作「邑」。待學樓本注：「翁本作『也』。」

〔七〕晉曰金墉城　待學樓本注：「貽端桉：太平寰宇記云：『金墉城，魏明帝所築。』」

〔八〕以白馬名焉　「焉」，文津閣本、待學樓本、守山閣叢書本有，真意堂叢書本、粵雅堂叢書本無。待學樓本注：「吳本『名』下無『焉』字。」

〔九〕漢爲掌外夷客官署　「外夷」，原作「外藩」，文津閣本作「外夷」，真意堂叢書本、待學樓本、守山閣叢書本、粵雅堂叢書本作「四譯」。待學樓本注：「翁本作『外夷』。」按：作「外藩」，作「四譯」，均爲清人習用詞彙，當出清人所改。今據待學樓本所引翁本、文津閣本改作「外夷」。

〔一〇〕寺有闕聖堂二所　「二」，文津閣本同，真意堂叢書本、待學樓本、守山閣叢書本、粵雅堂叢書本作「一」。待學樓本注：「翁本作『二』。」

〔一一〕撰文書篆皆宋真宗御製也　「皆」，真意堂叢書本作「晉」，誤。待學樓本注：「吴本誤『晉』。」「宗」，真意堂叢書本作「宋」，誤。待學樓本注：「吴本誤『宋』。」

〔一二〕世祖皇帝從帝師八思巴之請　「八思巴」，原作「帕克斯巴」，並附夾注：「舊作『八思巴』，今改正。」文津閣本同。此係清人所改，今改回，並删去注文。真意堂叢書本作「怕克巴」，待學樓本、守山閣叢書本、粵雅堂叢書本作「帕克巴」。待學樓本「帕」下注：「吴本誤『怕』。」待學樓本「帕克巴」下注：「翁本作『八思巴』。貽端桉：元史釋老傳作『帕克斯巴』。」

〔一三〕鬱然天人之居矣　「天」，文津閣本、待學樓本、守山閣叢書本、粵雅堂叢書本同，真意堂叢書本作「大」。待學樓本注：「吴本作『大』。」

〔一四〕榮禄大夫翰林承旨閻復奉敕撰　「承」，原作「丞」，據文津閣本、真意堂叢書本、待學樓本、守山閣叢書本、粵雅堂叢書本改。

〔一五〕至於西雍　「雍」，原作「域」，文津閣本同，據真意堂叢書本、待學樓本、守山閣叢書本、粵雅堂叢書本改。待學樓本注：「翁本作『域』。」

〔一六〕鳩摩羅什求那跋摩之於宋　待學樓本「那」下注：「桉：太平御覽引高僧傳作『郁』。」

〔一七〕玄奘無畏之於唐　「玄」，原作「元」，真意堂叢書本、待學樓本、粵雅堂叢書本同，文津閣本、守山閣叢書本「玄」缺末筆，均係清人避諱改，今改回。

〔一八〕經論曰繁　「論」，原作「綸」，文津閣本、真意堂叢書本、待學樓本、守山閣叢書本、粵雅堂叢書本作「論」。待學樓本注：「翁本作『綸』。」按：此處作「經論」指佛教之「經」與「論」，較「經綸」爲佳，今據文津閣本等改作「論」。

〔一九〕所可考者　「所」，待學樓本同，文津閣本、真意堂叢書本、守山閣叢書本、粵雅堂叢書本作「有」。待學樓本注：「吴本作『有』。」

〔二〇〕宋翰林學士蘇易簡文石在焉　待學樓本「宋」前有「有」字，並注：「吴本無此字。」

〔二一〕有僧白英山主　「白」，文津閣本同，真意堂叢書本、待學樓本、守山閣叢書本、粵雅堂叢書本作「曰」。待學樓本注：「翁本作『白』。」「主」，真意堂叢書本作「王」，誤。待學樓本注：「吴本作『王』，誤。」

〔二二〕予第爲張本爾　「予」，文津閣本、真意堂叢書本、待學樓本、守山閣叢書本、粵雅堂叢書本作「余」。

〔二三〕帝師大寶法王八思巴　「八思巴」，原作「帕克巴」，真意堂叢書本、待學樓本、守山閣叢書本、粵雅堂叢書本同，係清人所改，今改回。待學樓本注：「翁本作『八思巴』。」

〔二四〕集郡國教釋諸僧　「教釋」，似當作「教禪」，指佛教之教宗與禪宗。

〔二五〕扶宗弘教大師龍川講主行育　「弘」，原缺末筆，文津閣本、守山閣叢書本同，真意堂叢書本、待學樓本、粵雅堂叢書本作「宏」，均係清人避諱所改，今改回。

〔二六〕時在衆中　「衆」，真意堂叢書本作「象」，誤。待學樓本注：「吴本誤『象』。」

〔二七〕乃引永平之事以對　待學樓本「乃」下注：「翁本作『遂』。」

〔二八〕會白馬寺僧行政言與行育叶　「叶」，文津閣本、守山閣叢書本同，真意堂叢書本、待學樓本、粵雅堂叢書本作「協」。待學樓本注：「翁本作『叶』。」

〔二九〕洊更歲龠　待學樓本「洊」下注：「翁本作『薦』。」「龠」，文津閣本同，真意堂叢書本、待學樓本、守山閣叢書本、粵雅堂叢書本作「籥」。

〔三〇〕申命大師紞巴董其事　「紞巴」，原作「丹巴」，並附夾注：「舊作『紞巴』，今改正。」文津閣本同。此係清人所改，今改回，並刪去注文。真意堂叢書本、待學樓本、守山閣叢書本、粵雅堂叢書本亦作「丹巴」。待學樓本注：「翁本作『紞巴』，下同。」

〔三一〕紞巴請假護國仁王寺田租　「紞巴」，原作「丹巴」，文津閣本、真意堂叢書本、待學樓本、守山閣叢書本、粵雅堂叢書本同，係清人所改，今改回。

〔三二〕傍翼以閣雲房精舍齋庖庫廄　「以」，原無，文津閣本、真意堂叢書本、待學樓本、守山閣叢書本、粵雅堂叢書本有。待學樓本注：「『以』字翁本無。」按：「傍翼以閣」與上一句「前三其門」對仗，且全句多爲四字，符合一般行文習慣，今補「以」字。

〔三三〕文才繼主席　「主」，真意堂叢書本作「王」，誤。待學樓本注：「吴本誤『王』。」

〔三四〕文才即遣僧奭言於紞巴曰　「紞巴」，原作「丹巴」，文津閣本、真意堂叢書本、待學樓本、守山閣叢書本、粵雅堂叢書本同，係清人所改，今改回。

〔三五〕紞巴令宣政院官答失蠻等奏請　「紞巴」，原作「丹巴」，文津閣本、真意堂叢書本、待學樓本、守山閣叢書本、粵雅堂叢書本同，係清人所改，今改回。「答失蠻」，原作「達實愛滿」，並附夾注：「舊作『答失蠻』，今改正。」此係清人所改，今改回，並刪去注文。文津閣本、真意堂叢書本、待學樓本、守山閣叢書本、粵雅堂叢書本作「達什愛滿」，文津閣本夾注同底本。待學樓本注：「翁本作『答失蠻』。」「奏」，文津閣本、待學樓本同，真意堂叢書本、守山閣叢書本、粵雅堂叢書本作「奉」。待學樓本注：「吴本誤『奉』。」

〔三六〕且敕有司世世勿奪云　真意堂叢書本、待學樓本、守山閣叢書本、粵雅堂叢書本後有「寺二」二字，文津閣本同原本無。待學樓本注：「翁本『云』字下有『〇』，無『寺二』二字。」今按：此下爲兩處地方之位置，循前文文意，當是賜田之位置，則有「寺二」不當，使人誤以爲此二地方各有一佛寺。宜陽縣、永寧縣，均爲河南府路屬縣。

〔三七〕一在宜陽縣治西九十里　真意堂叢書本、待學樓本、粵雅堂叢書本後有「又」字。待學樓本注：「翁本『里』字下有『〇』，無『又』字。」

〔三八〕乾封賜額曰玄元皇帝廟　「玄」，原作「元」，文津閣本、真意堂叢書本、待學樓本、粵雅堂叢書本同，守山閣叢書本「玄」缺末筆，均係清人避諱改，今改回。

〔三九〕西北别建玄元觀　「玄」，原作「元」，文津閣本、真意堂叢書本、待學樓本、粵雅堂叢書本同，守山閣叢書本「玄」缺末筆，均係清人避諱改，今改回。

〔四〇〕宫壁有吴道子畫神堯太宗中宗睿宗玄宗五帝御容　待學樓本「堯」下注：「吴本作『宗』，誤。貽端桉：高祖謚曰『神堯』。」「玄」，原作「元」，真意堂叢書本、待學樓本、粵雅堂叢書本同，文津閣本、守山閣叢書本作「玄」缺末筆，均係清人避諱改，今改回。末一「宗」字，原作「元」，當係涉上而誤，文津閣本、真意堂叢書本、待學樓本、守山閣叢書本、粵雅堂叢書本作「宗」，今改。

〔四一〕又有玄宗齋宫詩碑　「玄」，原缺末筆，文津閣本、守山閣叢書本同，真意堂叢書本、待學樓本、粵雅堂叢書本作「元」，均係清人避諱改，今改回。

〔四二〕杜少陵有冬日洛城謁玄元皇帝廟詩　待學樓本「城」下注：「桉：杜集有『北』字。」「玄」，原作「元」，文津閣本、待學樓本同，真意堂叢書本、守山閣叢書本、粵雅堂叢書本無，作「元」係清人避諱改，今改回。待學樓本「皇」下注：「吴本脱一『元』字，翁本脱一『皇』字，今補。」

〔四三〕廟壁龕杜甫五言古詩一首　「古」，待學樓本無，並於「言」下注：「吴本下衍『古』字。」

〔四四〕後魏建精思觀　「思」，文津閣本、守山閣叢書本同，真意堂叢書本、待學樓本、粵雅堂叢書本作「忠」。待學樓本注：「翁本作『思』，誤。」今按：元人王士點禁扁記隋代觀名有上陽，注：「即元魏之精思觀。」〔卷戊觀隋，國家圖書館藏清鈔本（13171），第二十九葉，國圖網站數字古籍〕

〔四五〕國子博士韓愈與著作郎樊宗師處士盧仝道士趙元遇　「仝」，文津閣本作「同」。

〔四六〕殿后有太乙泉云　「乙」，原作「一」，文津閣本、真意堂叢書本、待學樓本、守山閣叢書本、粵雅堂叢書本作「乙」。按：「太乙」又稱「太一」，此處前文有「太乙」、「太乙殿」，故改作「乙」。

〔四七〕以求地中　「地」，原無，文津閣本同，據真意堂叢書本、待學樓本、守山閣叢書本、粵雅堂叢書本補。待學樓本注：「翁本上脱『地』字，此有『乃』字。」

〔四八〕迺建王國焉　「迺」，文津閣本作「乃」，真意堂叢書本、待學樓本、守山閣叢書本、粵雅堂叢書本無。

〔四九〕宋大中三年　「大」，粵雅堂叢書本作「太」。

〔五〇〕高三十六尺　「三」，文津閣本、守山閣叢書本同，真意堂叢書本、待學樓本、粵雅堂叢書本作「二」，待學樓本注：「翁本作『三』。」

〔五一〕則盧陵歐陽玄撰也　「玄」，原作「元」，待學樓本、粵雅堂叢書本同，文津閣本、真意堂叢書本、守山閣叢書本「玄」缺末筆，均係清人避諱改，今改回。

〔五二〕加嶽神爲太師使持節神嶽大都督　「神嶽大都督」之「神」，文津閣本、待學樓本同，真意堂叢書本、守山閣叢書本、粵雅堂叢書本作「仲」。待學樓本注：「吴本誤『仲』。」

〔五三〕封天中王　「天中」，原作「中天」，文津閣本、真意堂叢書本、守山閣叢書本、粵雅堂叢書本同，據待學樓本改。待學樓本注：「二字本皆倒誤，據唐書改。下『天中黄帝』同。」

〔五四〕尊爲神嶽天中黄帝　「天中」，原作「中天」，文津閣本、真意堂叢書本、守山閣叢書本、粵雅堂叢書本同，據待學樓本改。

〔五五〕至宋大中祥符四年　待學樓本注：「貽端桉：通考作『五年』。」

〔五六〕河南尹奉詔祀嶽　「尹」，真意堂叢書本作「伊」，誤。待學樓本注：「吴本誤『伊』。」

〔五七〕慶曆後　「曆」，原作「歷」，文津閣本、真意堂叢書本、待學樓本、守山閣叢書本、粵雅堂叢書本同，係清人避諱改，今改回。

〔五八〕命通判攝事　「命」，文津閣本、真意堂叢書本、待學樓本、守山閣叢書本、粵雅堂叢書本無。待學樓本注：「翁本有『命』字。」

〔五九〕今廟之東　待學樓本「廟」下注：「『廟』字翁本脱。」

〔六〇〕後魏太武帝太安中　「太安」之「太」，文津閣本、待學樓本同，真意堂叢書本、守山閣叢書本、粵雅堂叢書本作「大」。

〔六一〕至宋太武　「太」，文津閣本、待學樓本同，真意堂叢書本、守山閣叢書本、粵雅堂叢書本作「大」。

〔六二〕素有風節　待學樓本「素」下注：「翁本誤『表』。」

〔六三〕字子喬　待學樓本注：「翁本誤脱『子』字。貽端桉：飛鳧者王喬也，見風俗通；乘鶴者王子喬也，見列仙傳。又蔡邕王子喬碑：『王孫子喬者，蓋上世之真人也，不知興於何代。』則又不以爲靈王太子。」許畹重刊河朔訪古記叙云：「『昇仙太子廟』下云周靈王太子名晉字子喬，翁本脱『子』字，校云飛鳧者王喬也，乘鶴者王子喬也，蔡邕王子喬碑王孫子喬者蓋上世之真人也，不知興於何代，則有不以爲靈王太子。按史記索隱稱裴秀冀川記緱氏仙人廟者，昔有王喬犍爲武陽人，爲柏人令，於此得仙，則非王子喬也。」

〔六四〕浮丘公接以上嵩高山　「丘」，原作「邱」，文津閣本、真意堂叢書本、待學樓本、粵雅堂叢書本同，守山閣叢書本作「丠」，均係清人避諱改，今改回。

〔六五〕祠南有浴鶴池仙屋石室　「祠」，原作「池」，據文津閣本、真意堂叢書本、待學樓本、守山閣叢書本、粵雅堂叢書本改。

〔六六〕案　文津閣本、真意堂叢書本、守山閣叢書本、粵雅堂叢書本作「按」，待學樓本作「桉」。

〔六七〕爲行馬四出司馬門　「爲」，似當作「焉」，則屬上。

〔六八〕鐘虡皆在行馬内　「虡」，真意堂叢書本作「虞」，誤。待學樓本注：「吴本誤『虞』。」

〔六九〕案　文津閣本同，真意堂叢書本、守山閣叢書本、粵雅堂叢書本作「按」，待學樓本作「桉」。

〔七〇〕但鐘虡在司馬門内　「虡」，真意堂叢書本作「虞」，誤。待學樓本注：「吴本誤『虞』。」

〔七一〕提封田四十八頃十九畝三十步　「田」，原無，據文津閣本、真意堂叢書本、待學樓本、守山閣叢書本、粵雅堂叢書本補。

〔七二〕在洛陽縣東南四十里大石山　「縣」，原無，據文津閣本、真意堂叢書本、待學樓本、守山閣叢書本、粵雅堂叢書本補。「南」，真意堂叢書本、粵雅堂叢書本作「西」，誤。待學樓本注：「吴本作『西』，誤。」

〔七三〕碑首題曰漢太尉車騎將軍特進逯鄉侯劉公碑　待學樓本「首」下注：「翁本作『道』，誤。」待學樓本「碑」下注：「貽端桉：隸釋『漢』下有『故』字，『鄉』下有『昭烈』字，『公』下有『之』字。」

〔七四〕門生殷包等所立　待學樓本「殷」下注：「桉：隸釋作『商』，避宋宣祖諱也。」

〔七五〕故吏李謙所立也　「謙」，文津閣本、待學樓本、守山閣叢書本同，真意堂叢書本、粵雅堂叢書本作「諫」。待學樓本注：「吴本誤『諫』。」

〔七六〕其裔孫湖城公爽　「湖」，文津閣本、待學樓本同，真意堂叢書本、守山閣叢書本、粵雅堂叢書本作「胡」。待學樓本注：「吴本誤『胡』。」

〔七七〕前世士大夫世家著之譜牒　「世家」，似當作「家世」。

〔七八〕然而俗習苟簡廢失者　「習」，文津閣本、真意堂叢書本、待學樓本、守山閣叢書本、粵雅堂叢書本作「尚」。待學樓本注：「翁本作『習』。」

〔七九〕唐杜審言及子閒孫甫三世墓　「閒」，文津閣本、真意堂叢書本、待學樓本、守山閣叢書本、粵雅堂叢書本作「閑」。

〔八〇〕賜曰懷賢之碑　「賜」，文津閣本、真意堂叢書本、待學樓本、守山閣叢書本、粵雅堂叢書本作「額」。待學樓本注：「翁本作『賜』，下同。」待學樓本「碑」下注：「貽端桉：史傳稱『帝親書其碑曰褒賢之碑』，中州金石考云有仁宗篆額『褒賢之碑』，據此，則『懷』當作『褒』。然今搨未見，未知其審。」

〔八一〕賜曰世濟忠直之碑　「賜」，文津閣本、真意堂叢書本、待學樓本、守山閣叢書本、粵雅堂叢書本作「額」。「碑」，真意堂叢書本作「破」，誤。待學樓本注：「吴本誤『破』。」

〔八二〕墓東則守墳褒賢寺　「褒」，原作「裒」，文津閣本、真意堂叢書本、守山閣叢書本、粵雅堂叢書本同，據待學樓本改。待學樓本注：「本皆誤作『裒』。」

〔八三〕寺有范氏復祖墳碑一通　「墳」，文津閣本、真意堂叢書本、待學樓本、守山閣叢書本、粵雅堂叢書本作「塋」。待學樓本注：「翁本作『墳』。」

〔八四〕憑籍餘澤　「籍」，文津閣本、真意堂叢書本、待學樓本、守山閣叢書本、粵雅堂叢書本作「藉」。

〔八五〕而祖宗丘隴鞠爲芻牧之區　「丘」，原作「邱」，文津閣本、真意堂叢書本、待學樓本、守山閣叢書本、粵雅堂叢書本同，係清人避諱改，今改回。

〔八六〕僉憲李齊御史斡勒海壽出金　「斡勒」，原作「沃呼」，並附夾注：「舊作『斡勒』，今改正。」文津閣本同。此係清人所改，今改回，並删去注文。真意堂叢書本、待學樓本、粵雅堂叢書本亦作「沃呼」。待學樓本於「海壽」下注：「翁本作『斡勒海壽』。」

〔八七〕文正公以間生之氣王佐之材　「材」，粵雅堂叢書本作「才」。

〔八八〕名稱籍甚　「籍」，文津閣本、真意堂叢書本、待學樓本、守山閣叢書本、粵雅堂叢書本作「藉」。

〔八九〕漢碑　待學樓本前標「●」。今按：此條分漢碑、魏碑、齊碑、後魏碑、唐碑五部分，待學樓本加此標記，以示醒目。

〔九〇〕大尉劉寬碑二通　「大」，真意堂叢書本、待學樓本、粵雅堂叢書本同，文津閣本、守山閣叢書本作「太」。

〔九一〕魏碑　待學樓本前標「●」。

〔九二〕齊碑　待學樓本前標「●」。

〔九三〕天統三年立武平二年刻　待學樓本注：「貽端桉：偃師縣有佛堪銘，『龕』作『堪』，亦題『天統三年建』，惟不言『武平二年刻』，豈又別一碑耶？」

〔九四〕馮翊王平等寺碑　「寺」，原無，文津閣本、真意堂叢書本、守山閣叢書本、粵雅堂叢書本同，據待學樓本補。待學樓本「碑」下注：「吴本、翁本『平等』下皆脱『寺』字，今補。貽端桉：此碑武平三年刊，鄭樵金石略有北齊馮翊王平等寺碑，武平二年，在洛陽，即此碑，作『二年』者，傳寫誤也。」

〔九五〕後魏碑　待學樓本前標「●」。

〔九六〕韓殷隸書天平四年立　待學樓本注：「貽端桉：金石録有東魏大覺寺碑，在洛陽，韓毅隸書，天平四年。跋云：『北史：毅，魯郡人，工正書。當時碑碣，往往不著名氏，毅以書知名，故特自著之也。然遺迹見於今者，獨此碑爾。』據此，知當時碑碣僅有韓毅著名，元魏碑蓋即大覺寺碑，韓殷乃韓毅之訛耳。」

〔九七〕梁雅文　待學樓本注：「貽端桉：王子晉祠，自唐武后始改爲昇仙太子廟，武后自撰碑文。此云『梁雅』，未知何如人。然據廟名，則當在僞周時，而目列唐碑前，似誤。」

〔九八〕唐碑　待學樓本前標「●」。

〔九九〕楊炯文　待學樓本注：「貽端桉：謝刻金石録載啓母廟碑，崔融撰，永淳二年。並載少姨廟碑，楊炯撰，永淳元年。跋云：『少姨廟者，則漢書地理志嵩高少室之廟也。其神爲夫人像者，則故老相傳云啓母塗山氏之妹也。』疑此兩碑相涉撰人姓名，所記有錯誤耳。」

〔一〇〇〕韓滉書　「滉」，文津閣本、待學樓本、守山閣叢書本、粵雅堂叢書本同，真意堂叢書本作「洗」，誤。待學樓本注：「吴本『滉』誤『洸』，據翁本改。」今按：待學樓本注中「洸」當作「洗」。

〔一〇一〕陸賢書開元二十年立　待學樓本注：「貽端校：『賢』疑是『堅』。」

〔一〇二〕顔頵書　「顔頵」，文津閣本、待學樓本、守山閣叢書本、粤雅堂叢書本同，真意堂叢書本作「順碩」，誤。待學樓本注：「吴本『顔頵』誤作『順碩』，據翁本改。」

〔一〇三〕袁元哲書　待學樓本注：「貽端校：金石録有周整法師龍門石龕像碑，僧波崙撰，袁元悊一本作「懋」。正書，蓋即此碑。惟『石龕』二字互易，『悊』又變作『哲』。」

〔一〇四〕次子徐峴書　「峴」，文津閣本、守山閣叢書本、粤雅堂叢書本同，真意堂叢書本作「峴」，待學樓本作「現」。待學樓本注：「吴本『現』誤『峴』，據翁本改。貽端校：今碑本缺。金石萃編云：『通志金石略、書史會要皆稱浩次子峴。而碑則云伯仲之存者四人，曰璲、璫、玟，璲之上文，泐不可見，玟之下文，曰現當以家傳遺文俛叙其志云云。似即書碑之次子，則當作「現」字，與伯仲名同從「玉」。然諸書皆從「山」作「峴」，亦不能定也。』」

〔一〇五〕太子亨題　「亨」，真意堂叢書本作「享」，誤。待學樓本注：「貽端校：此碑當建於天寶，太子亨即肅宗也。楊珣碑亦亨奉敕題額。」

〔一〇六〕洛陽尉馬允中碑　待學樓本注：「貽端校：金石録有洛陽尉馬克忠碑，張説撰，盧藏用八分書，景龍三年，當即此碑。而『允中』、『克忠』字以形似而誤。」

〔一〇七〕張庭諷書　「庭」，文津閣本同，真意堂叢書本、待學樓本、守山閣叢書本、粤雅堂叢書本作「廷」。按：「洛陽金石刻」條出自通志金石略，查所載作「庭」（鄭樵通志卷七十三金石略，中華書局，一九八七年，第八四六頁）。

〔一〇八〕大中八年立　「大中」，原作「太平」，文津閣本作「太中」，真意堂叢書本、待學樓本、守山閣叢書本、粤雅堂叢書本作「大中」，據真意堂叢書本等改。

〔一〇九〕蕭祐書　「書」，文津閣本、待學樓本同，真意堂叢書本、守山閣叢書本、粵雅堂叢書本作「立」。按：「洛陽金石刻」條出自通志金石略，查所載作「書」（鄭樵通志卷七十三金石略，第八四六頁）。

〔一一〇〕貞元四年立　「貞元」，原作「正元」，文津閣本、真意堂叢書本、待學樓本、守山閣叢書本、粵雅堂叢書本同，係清人避諱改，今改回。

〔一一一〕鄭還古書開成五年立　待學樓本注：「貽端桉：金石録有常侍裴恭碑，盧術撰，鄭還古正書，開成五年，疑即此碑。其結銜或截取有不同耳。」

〔一一二〕貞元九年立　「貞元」，原作「正元」，文津閣本、真意堂叢書本、待學樓本、守山閣叢書本、粵雅堂叢書本同，係清人避諱改，今改回。

〔一一三〕貞元九年立　「貞元」，原作「正元」，真意堂叢書本、待學樓本、粵雅堂叢書本同，係清人避諱改，今改回。

〔一一四〕開元十二年立　待學樓本注：「貽端桉：金石録有歙州刺史郭茂貞碑，賀知章撰，八分書姓名殘缺，開元二十年，疑『二十』傳寫倒誤爲『十二』，蓋即此碑也。」

〔一一五〕大曆中立　「曆」，原作「歷」，文津閣本、真意堂叢書本、待學樓本、守山閣叢書本、粵雅堂叢書本同，係清人避諱改，今改回。「立」，真意堂叢書本作「三」，誤。待學樓本注：「吴本『立』作『三』，誤。」

〔一一六〕彭杲書　待學樓本注：「貽端桉：新唐書泉男生高宗朝進右衛大將軍、卞國公，卒謚曰襄，勒碑著功。此泉公蓋即男生也。『左衛』當是『右衛』之誤。」

〔一一七〕太子少師崔公碑　「師」，文津閣本、守山閣叢書本同，真意堂叢書本、待學樓本、粵雅堂叢書本作「保」。待學樓本注：「翁本作『師』。」按：「洛陽金石刻」條出自通志金石略，查所載作「師」（鄭樵通志卷七十三金石略，第八四六頁）。

〔一一八〕真堂記碑　待學樓本注：「貽端桉：金石録有洛陽縣食堂記，裴總述，韓擇木八分書，開元二十六年，疑此『真堂』即『食堂』之誤。」按：「洛陽金石刻」條出自通志金石略，查所載作「真堂記」（鄭樵通志卷七十三金石略，第八四六頁）。

〔一一九〕會喜寺碑徐洪八分書　待學樓本注：「貽端桉：『會喜』當是『會善』之誤。寺在嵩山，碑最多。」

〔一二〇〕辯正禪師奉先塔銘碑　「辯」，文津閣本、守山閣叢書本同，真意堂叢書本、待學樓本、粵雅堂叢書本作「辨」。按：「洛陽金石刻」條出自通志金石略，查所載作「辯」（鄭樵通志卷七十三金石略，第八四六頁）。

〔一二一〕徐現書　「現」，待學樓本同，文津閣本、守山閣叢書本、粵雅堂叢書本作「峴」，真意堂叢書本作「覘」。待學樓本注：「吴本『現』誤『覘』，據翁本改。貽端桉：此即徐浩次子，説見前。集古録有辨正禪師塔院記，貞元中徐峴書，當即此碑。而銘與記各不同，未知孰是。」

〔一二二〕王仲舒書　待學樓本注：「金石録云：『韓退之題名，在嵩山天封觀柱，蓋退之自書。又一本與石洪等題名，在洛陽福先寺，乃同遊者所書爾。』集古録亦云：『一在福先寺塔下。』據此，疑是『福先』誤作『光福』，王仲舒蓋同遊者也。」

〔一二三〕韓愈書　待學樓本注：「貽端桉：元和四年題名在石柱，言碑者，統名也。」

〔一二四〕太子賓客孟簡碑　「簡」，真意堂叢書本作「間」，誤。待學樓本注：「吴本誤『間』，據翁本改。」

〔一二五〕太子賓客孔府君碑　待學樓本注：「貽端桉：金石録有太子賓客孔述睿碑，鄭絪撰，鄭餘慶書，元和十一年。」

〔一二六〕白樂天墓志碑　待學樓本注：「貽端桉：樂天自撰墓志『葬下邽縣臨津里北源』，而舊唐書本傳則謂『遺命不歸下邽，可葬於香山如滿師塔之側，家人從命而葬焉』。據李商隱所撰墓碑云『葬龍門』，則與唐書合。此碑豈即李撰耶？其爲葬洛，無疑矣。」

〔一二七〕篆書　待學樓本注：「貽端桉：唐人多刻經於幢，蓋篆書甚少，故獨記此二碑。」

〔一二八〕邛州刺史狄君碑　待學樓本注：「貽端桉：金石録有邛州刺史狄知愻碑，書撰人姓名殘缺，載初元年。據唐書，『知愻』作『知遜』，即仁傑之父也。金石萃編列邛州刺史狄君碑，謂『君之名已亡，就其文中可見者推之，知爲仁傑之父知遜』。王氏豈未檢金石録耶？又云：『碑無立石年月，傳稱仁傑中宗返正，追贈司空，睿宗追封梁國公。碑已有司空、梁國之語，是當立於睿宗時。』據此，則與金石録所言載初元年不合，豈其本有二碑耶？寰宇訪碑録前後兩載之洛陽。此書所記者，未知其爲何刻也。」

〔一二九〕幽林思嵩山詩碑韓覃作　待學樓本注：「貽端桉：集古録幽林思，廬山林藪人韓覃撰。金石録列於周時，注云：『正書，無姓名。』」

〔一三〇〕杜甫題玄元皇帝廟詩碑　「玄」，原作「元」，文津閣本、真意堂叢書本、待學樓本、粵雅堂叢書本同，守山閣叢書本「玄」缺末筆，係清人避諱改，今改回。

〔一三一〕白樂天香山寺詩三十韻碑賀拔惎書　「拔」，原作「枝」，文津閣本、真意堂叢書本、守山閣叢書本、粵雅堂叢書本同，據待學樓本改。待學樓本注：「吴本『拔』誤『枝』，翁本『枝』改作『拔』，今據改。貽端桉：賀拔惎與白敏中爲友，見唐摭言。又桉：白樂天集中無此詩，惟有重修香山寺畢題二十二韻，意或此詩後又删訂入集耶？」按：「洛陽金石刻」條出自通志金石略，查所載作「拔」（鄭樵通志卷七十三金石略，第八四六頁）。

〔一三二〕李德裕平泉山居詩碑　待學樓本注：「貽端桉：金石録云德裕八分書。」

〔一三三〕天后御製詩碑王知恭書　待學樓本注：「貽端桉：天后御製詩書各一首，此特舉其詩耳。碑在嵩山少林寺，永淳二年立，王知敬書。金石略作王知恭書。説嵩云：『碑刻知敬，鄭氏以爲知恭，蓋訛矣。』中州金石記云：『蓋五代人避晉祖諱，宋人引其文多未更正，非二也。』此書亦作『知恭』，豈第沿舊文，實未親見碑刻耶？」

〔一三四〕華夷圖碑　待學樓本注：「貽端桉：唐書稱賈耽有海内華夷圖，廣三丈，縱三丈三尺，率以一寸折爲百里，豈此圖曾刻石於洛陽耶？今西安府有華夷圖，題云『阜昌七年十月朔岐學上石』，則宋劉豫時所刻也。」

〔一三五〕庚惟蔚書　「庚」，文津閣本、真意堂叢書本、待學樓本、守山閣叢書本、粵雅堂叢書本作「唐」。按：「洛陽金石刻」條出自通志金石略，查所載作「庚」（鄭樵通志卷七十三金石略，第八四六頁）。

〔一三六〕隋州録事參軍狄公碑　「州録」，文津閣本、待學樓本、守山閣叢書本、粵雅堂叢書本同，真意堂叢書本作「録州」，誤。待學樓本注：「吳本『州録』二字互易，據翁本改。」

附録

一、元代序跋詩文五種

（一）河朔訪古記序　王禕

河朔訪古記序

河朔訪古記二卷，合魯君易之所纂，予爲之序曰：合魯實葛邏禄，本西域名國，而易之之先，由南陽遷浙東已三世。易之少力學，工爲文辭。既壯，肆志遠游。乃絶淮入潁，經陳、蔡以抵南陽，由南陽浮臨汝而西，〔一〕至于雒陽，由雒陽過龍門，還許昌，而至於大梁，歷鄭、衛、趙、魏、中山之郊，而北達于幽燕。於是大河南北古今帝王之都邑，足迹幾遍。凡河山、城郭、宫室、塔廟、陵墓、殘碣、斷碑、故基、遺迹，所至必低徊訪問，或按諸圖牒，或訊諸父老，考其盛衰興廢之故，而見之於紀載。至於撫時觸物，悲喜感慨之意，則一皆形之於咏歌。既乃裒其所紀載及咏歌之什，以成此書。夫古之言地理者，有圖必有志，圖以著山川形勢所在，而志則以驗言語土俗博古久遠之事。古之言詩者有雅、頌，復有風、雅，頌以道政事，美盛德，而風則以驗風俗政治之得失。故成周之制，職方氏既掌天下之圖，而邦國四方之志，則小史、外史實領之。太師既掌六詩，而列國之風則觀風之使實采之。所以然者，蓋志之所見，王道存焉，風之所形，王化繫焉，故設以官守，達諸朝廷。所以考一代之政教，豈徒取爲虛文也哉！然則易之此書，其所紀載，猶古之志，其所咏歌，猶古之風歟！惜乎今日小史、外史之職闕而觀風之使不行，此書不得達於朝廷之上，以備纂録，廣而傳之，徒以資學士大夫之汎覽而已。抑予聞之，古之志領之固有其職，古之風采之固有其官，而其爲之者，類皆博聞多識，懷道秉德之士。故曰誦其詩，讀其書，不知其人，可乎？然則學士大夫觀乎此書，其亦可以知吾易之之爲人矣。易之名廼賢，其北游歲月，具見篇中，兹不著。

（王禕王忠文公文集卷五，北京圖書館古籍珍本叢刊第九八册影明嘉靖張齊刊本，第八六至八七頁）

校勘記

〔一〕由南陽浮臨汝而西　既云「浮」，則以下當爲水名，「汝」即「汝水」，西北通洛陽，而「臨汝」則非水名，疑此處有誤。或可作「醴」、「汝」二水，醴水爲汝水支流，可通南陽附近。

（二）河朔訪古記序

劉仁本

河朔訪古記序

今翰林國史院編修官葛羅禄氏迺賢易之，自其先世徙居鄞越，則既爲南方之學者矣。而其遠游壯志，常落落于懷，將以馳騁也。乃至正五年，挈行李，出浙，度淮，泝大河而濟，歷齊、魯、陳、蔡、晉、魏、燕、趙之墟，吊古山川、城郭、丘陵、宫室、王霸人物、衣冠文獻、陳迹故事，暨近代金宋戰争、疆埸更變者。或得于圖經地志，或聞諸故老舊家，流風遺俗，一皆考訂，夜還旅邸，筆之於書。又以其感觸興懷，慷慨激烈成詩歌者繼之。總而名曰河朔訪古記，凡一十六卷。其博雅哉！徵序於搢紳先生，若許安陽、黄金華、危臨川、余武威諸公者，論説盡矣，復以示余。余南産也，於河朔古今巨蹟曾未之見，間有所聞，而又未爲之得，不敢妄有指摘。然獨愛其文，於京都國家之典禮、官署、城池，廟廷祭享、朝班、鹵簿，聖德臣功、文武士庶，一代威儀制作，尤加詳備。非惟後日可應史氏採摭，將百世損益，殆有所據焉。於戲！吾諗其遊覽之時及歸之日，黄河南北已有賈魯畚鍤之擾，而民俗稍爲搔動矣。然其所載，則皆追述盛時之事，不以少變而廢也。昔太史公周游天下，歷覽名山大川，納金匱石室之藏，故其文章雄深奇偉。今觀易之之作，庶幾有焉。其膺館閣之召而爲史官也，不亦宜乎！至正二十有三祼昭陽單閼之歲蕤賓節日，奉直大夫、温州路總管、管内勸農防禦事天台劉仁本序。

〔劉仁本羽庭集卷五，國家圖書館藏清鈔本（02002），第八至九葉，國圖網站數字古籍。按：文淵閣本所載劉仁本序，出自羽庭集，文字大略相同，祇是「葛羅禄氏迺賢易之」改作「郭囉羅氏納新易之」，出自清人之改譯名；而「而又未爲之得」之「之」作「心」，「黄河南北已有賈魯畚鍤之擾」之「鍤」作「插」，則不若文集所載文字之準確；又「而民俗稍爲搔動矣」之「搔」作「騷」，「納金匱石室之藏」之「納」作「紬」。〕

（三）題馬易之遠遊卷跋　劉仁本

題馬易之遠遊卷跋

南陽馬君易之，以至正六年游京師，朋儕不忍其離别，作爲歌詩贈言以張之，至有托物寓意成圖書，聯篇巨軸，置諸行李間。自浙江而泝淮經雒，訪古河朔，感慨中原之墟，盤桓兩京之地，極遊覽以快於心目。有所得輒形賦詠，且獲當世名公品題，珠玉襲什以歸，則江淮之難作矣。余觀卷中姓名，多聲聞相接，其間有拜顯官、位台鼎者，有沉鬱下僚者，有得休致者，有物故者，有遁依岩谷者，有尚覊旅者，有忠義死節、凛乎若生者，有陷身逆虜、終不免者，何十數年之間，榮悴得失若是之不齊邪？第其文章翰墨，則皆爲時所重，春蘭秋芷，各具芳馨，炳然可掬。此余所以諦觀，而一喜一悲也。因爲賦雜詩一十五首，各附題下，並卷歸之，異時當爲馬氏青氈矣。天台劉仁本識。

（永樂大典卷八千八百四十五引劉仁本亦玄集，永樂大典第四册，中華書局，一九八六年，第四〇七九至四〇八〇頁）

（四）用蔣伯威韻賀馬易之自京回　張仲深

故人長是別離難，今日論交未盡歡。客裏舊氈隨地暖，囊中古劍倚天寒。反思旨酒分光禄，尚憶和羹給大官。文事固知天未喪，太平丞相政桓桓。

十載羈棲劍佩偕，幾經新火起榆槐。海頭詩苦情懷惡，天上人歸氣勢佳。行李壓肩珠玉重，平蕪眯眼甲兵排。近聞河朔新成記，易之有河朔訪古記，黄政卿、危太樸、許可用三先生有序。快覩應知客滿齋。

（張仲深子淵詩集卷四，景印文淵閣四庫全書第一二一五册，第三四四頁）

（五）送葛邏禄易之赴國史編修官序　朱右

送葛邏禄易之赴國史編修官序

至正二十二年三月七日，中書省臣上奏以處士普達等四人爲翰林國史院編修官，葛邏祿氏廼賢易之寔在第二。命既下，唯廼賢遠居大江以南，僻阻淮襄，越明年治裝告行，於嘗所交友天台朱右爲之言曰：「自昔唐虞有史官，夏商有太史，成周太史則掌建邦之六典，小史志邦國，内史詔王治，外史掌四方之志，列國亦各掌記時事，其職蓋不輕且重也。漢有太史令司馬談父子，嘗繼爲之。孝宣來文書修撰，領以它官，而太史唯掌占候。唐正觀中，建史官於門下省，專掌國史，編修四員，起居郎二員，録天子起居法度，以授史官。宋制監修國史，宰相爲之，凡國史則藏之編修院，其編修官以三館秘閣校理以上及京官充之，非有常職。國朝翰林國史院署編修官若干員，則皆有常職矣。自非賢正洽聞、篤志守道之士，曷能堪斯任以稱是職哉？」易之之行，吾固知其報稱於上也已。

易之少小綝學，强記憶，與其伯氏從鄉儒先游。伯氏既登進士第，爲時名卿，易之泊然於進取，退遯句章山水間。壯則游京師，歷燕薊，上雲代，所至擇天下善士爲之交際，求天下碩儒爲之師友，日以詩歌自娱。遇可喜可愕，必昌於辭，則有金臺集；涉歷南北，覧古今靈文秘迹，必志於編，則有河朔訪古記。至於朝廷之典禮，臺閣之儀章，靡不習聞而精究之。其游歷益廣，聞見益充，踐履益密，好尚益以篤，自謂樂之終身而弗厭斁，何自信之深也！平居安貧自守，有道淑人，雖屢空乏，不以動於中。國家多故以來，處一室，教子弟習禮讀書，其家朋友有急，則挺然爲解紛無德色，達官貴人咸信重之。時劉公羽庭居行省左司，知易之賢而貧也，禮致之主東湖書院，冀得升禄以爲養。易之既領事，所入一不歸諸己，盡以修治廟宇，建先賢、先師祠，延有學行者訓導其鄉之弟子，且望聚堂上，親爲講肆不輟，鄉邦嚮方。而易之有遠役，其父兄學徒至泣下相送，企羨不釋。古之人一介取予，千駟萬鍾，則可知吾固信易之稱職而報上也不難矣。夫人幼而學於宫，長而試於政，推此以往，將何施而不可也耶！况乎積中之厚，則發乎外也大；用功之深，則收名也遠。今聖天子、賢宰執方急於求賢以圖至治，易之之用，當不止於一史官而已也。昔王陽爲刺史，貢禹彈冠而起，亦各以類應也。大山長谷，尚當有賢於人者接踵而出矣。易之往矣，盡乃心以興儒者之效，毋俾後之人諉曰朝廷用賢其效僅若是，則樂毅之材不得顯於燕，賈誼之學終不施於漢矣，咎將誰執焉？予交易之也久，知易之也深，故不以頌而以規。

（朱右白云稿卷五，續修四庫全書第一三二六册影明初刊本，第二六七至二六八頁）

二、明代著録書目文獻四種

（一）文淵閣書目

河朔訪古記。一册。

（楊士奇等文淵閣書目卷十八來字號第一厨書目古今志雜志附，宋元明清書目題跋叢刊第四册明代卷第一册影清嘉慶四年顧修輯刊讀畫齋叢書本，中華書局，二〇〇六年，第一八一頁。按：永樂十九年南京文淵閣藏書運至北京新建文淵閣收藏，正統六年編成目録。萬曆時期重新清點所得内閣藏書目録則不載此書）

（二）秘閣書目

河朔訪古記。一。

（錢溥録秘閣書目古今通志，宋元明清書目題跋叢刊第四册明代卷第一册影國家圖書館藏清抄本，中華書局，二〇〇六年，第二七一頁。按：此書係作者閲文淵閣藏書，抄録此目，成化二十二年自序）

（三）晁氏寶文堂書目

河朔訪古記。抄本。

（晁瑮晁氏寶文堂書目卷下圖誌，孫蘊解説，上海古籍出版社，二〇二一年，第四三七頁）

（四）國史經籍志

河朔訪古記十二卷。

（焦竑國史經籍志卷三史類地里行役，續修四庫全書第九一六册影明徐象橒刊本，第三七二頁）

三、清代民國提要序跋九種

（一）四庫全書總目提要

河朔訪古記二卷 永樂大典本

不著撰人名氏。明焦竑國史經籍志著録，亦不云誰作。考元劉仁本羽庭集有是書序曰：「今翰林國史院編修官郭囉洛氏納新案郭囉洛原作葛邏禄，納新原作廼賢，今改正。易之自其先世徙居鄞，至正五年，挈行李，出浙渡淮，溯大河而濟，歷齊、魯、陳、蔡、晉、魏、燕、趙之墟，吊古山川、城郭、邱陵、宮室、王霸人物、衣冠文獻、陳迹故事暨近代金宋戰争疆場更變者，或得於圖經地志，或聞諸故老舊家，流風遺俗，一皆考訂。夜還旅邸，筆之於書。又以其感觸興懷慷慨激烈成詩歌者繼之，總而名曰河朔訪古記，凡一十六卷。」云云。則此書實納新作，焦氏考之未審。序稱十六卷，焦氏作十二卷，亦誤也。納新族出西北郭囉洛，因以爲氏。郭囉洛者，以欽定西域圖志考之，即今塔爾巴哈台也。元時色目諸人，散處天下，故納新寓居南陽，後移於鄞縣。初辟爲浙東東湖書院山長，以薦授翰林編修官，出參桑戳實哩原作桑前失里，今改正。軍事，卒於軍。所著金臺集，尚有刊本，惟此書久軼，今散見永樂大典中者，惟一百三十四條。所紀皆在真定、河南境内，而其餘不存。又仁本所稱繼以詩歌者，亦不復可見。然據今所存諸條，其山川古迹，多向來地志所未詳，而金石遺文，言之尤悉。皆可以爲考證之助。謹彙而編之，核其道里疆界，各以類從。真定路爲一卷，河南路爲一卷，仍録劉仁本原序冠之。雖殘缺之餘，十存一二，而崖略宛在，條理可尋，講輿地之學者猶可多所取資焉。

［紀昀、陸錫熊、孫士毅等著，四庫全書研究所整理欽定四庫全書總目（整理本）卷七十一史部二十七地理類四，中華書局，一九九七年，第九七三至九七四頁。按：此整理本

以乾隆五十五年武英殿刊本爲底本。文淵閣本書前所載提要，有八處不同：其一，前作「臣等謹案：河朔訪古記三卷，不著撰人名氏」；其二，「案郭囉洛原作葛邏禄，納新原作迺賢，今改正」一句小字注文無；其三，「郭囉洛氏納新易之自其先世徙居鄞」之「郭」作「博」；其四，「納新族出西北郭囉洛，因以爲氏。郭囉洛者」作「納新字易之，系出西北博囉洛，因以爲氏。博囉洛者」；其五，「即今塔爾巴哈臺也」之「哈」作「噶」；其六，「出參桑戳實哩原作桑前失里，今改正。軍事，卒於軍」一句無；其七，「惟此書久軼」之「軼」作「佚」，是；其八，末有「乾隆四十六年三月恭校上」一句及「總纂官臣紀昀臣陸錫熊臣孫士毅」「總校官臣陸費墀」兩行署名。」

（二）顧廣圻題識　顧廣圻

河朔訪古記二卷鈔本

昨作札與仁和龔瑟人中書自珍，勸其就近搜求京畿碑板，彙録爲一書，將摘此記常山郡内所列目寄之，亦不可少之事。一云散人書於楓江僦舍，時道光二年穀雨節後五日也。

（顧廣圻著、王欣夫輯顧千里集卷十八，中華書局，二〇〇七年，第二九七頁）

（二）待學樓刊本序　許畹

重刊河朔訪古記叙

晁君星門校正河朔訪古記，將授梓，屬余叙之。謹按四庫全書提要曰：「此書久佚，今散見永樂大典中者，惟一百三十四條，所紀皆在真定、河南境内，而其餘不存。然據今所存諸條，其山川、古迹多向來地志所未詳，而金石遺文言之尤悉，皆可以爲考證之助，謹彙而編之，真定路爲一卷，河南路爲一卷。」云云。乾隆五十二年恭校上。惟此書聚珍板排印無多，人間難得，近有真意堂吴氏刊本，錯繆不可枚舉。星門昔游京師，得翁學士方綱寫本，前有鄒侍講奕孝擬撰提要，末題乾隆三十九年某月校，蓋初輯擬進之本也，而揣誤亦所不免。此二本皆分三卷，以真定路爲上卷，計六十二條，河南路爲下卷，計二十九條，内分彰德路爲中卷，計四十三條，合之亦止一百三十四條。星門乃即二本互校，擇是而從，其不照者，旁摭他書，更下己意。因屬審定，余讀之而嘆其精且確矣。顧黯淺之見，有與所校相發明者。如「鉗耳府君碑」下云君名文徹，曾祖静，馮翊太守，父康，周荆、安、寧、鄧四州總管别駕。「徹」上本皆脱「文」字，校據集古録補。桉元和姓纂後魏馮翊太守箝耳静，孫康買，周御伯大夫、聘梁使，生文舉、文固，箝耳世系與此相符，則「徹」上脱「文」字，更有文舉、文固兄弟行可證。惟所云父康，歷官不同，未知即康買否。或伯叔康下當亦脱一字，蓋集古録舊有脱誤，相沿而不察耳。「尉遲公廟碑」下云兼梁、益等十八州事，又總秦、衛、文、康十四州事，校云「梁、益」，石刻作「益、梁」，周書作「益、潼」。桉北史亦是「益、潼」，惟「秦」、「衛」二字今石本闕，北史謂總管秦、渭等十四州諸軍事，此則以「渭」訛「衛」，至康亦遠不相屬也。「韓諫議碑」下云昭文館大學士、衛國公，「衛」本皆誤「魏」，校據石刻改。桉此碑立於嘉祐十八年十一月，宋史琦以英宗嗣位封衛國公，正在是年。及治平元年，乃封魏國公。後人習知有韓魏公，而不知其嘗封衛，此所以誤也。「昇仙太子廟」下云周靈王太子名晉字子喬，翁本脱「子」字，校云飛鳧者王喬也，乘鶴者王子喬也，蔡邕王子喬碑王孫子喬者蓋上世之真人也，不知興於何代，則有不以爲靈王太子。按史記索隱稱裴秀冀川記緱氏仙人廟者，昔有王喬犍爲武陽人，爲柏人令，於此得仙，則非王子喬也。至記「史丞相」云武仙之亂，公兄天倪遇害，主將欲盡誅郡人，公忍忿含垢，亟諫數四，乃得全活。元史則謂仙復結死士於城中爲内應，實訥岱怒忿民之從賊，驅萬餘人將殺之，天澤力爭得釋。記「杜文獻」云尼瑪哈行省徵至彰德，辟爲諫議官，不就，遂隱居教授。元史則謂教授汾晉間，中書鈕祜祿珪開府於相，瑛赴其聘，遂家焉。此皆史與記不同，作記者元人，當得其實。校云元史有不足信，信然。凡此數條，姑舉以質星門，倘得附箸其説歟？又記云秦安陽漢廢，以其地入蕩陰，屬河内郡，魏併入鄴。桉元和郡縣志安陽漢廢，以其地屬蕩陰，而不言魏併入鄴，舊唐書地理志曹魏時廢安陽，併入鄴，而不言漢廢入蕩陰，此則廢置分併，原流詳悉。余方重訂三國疆域志，謹録此條以見魏時蕩陰較漢縣差小，鄴則較漢縣爲大。洪氏亮吉概云舊縣，則於分併猶未詳耳。即此已資鄙箸，其他可爲考證之助者多矣。世有同志，其無隱焉。

道光十七年長至日前五日，吾田愚弟許畹拜撰。

（四）守山閣叢書本跋　錢熙祚

河朔訪古記跋

文瀾閣本河朔訪古記三卷，上卷常山郡部真定路，中卷魏郡部彰德路，下卷河南郡部河南府路，凡百三十一條。璜川吴氏活板字本竝同。案葛邏禄氏原書已佚，四庫全書從永樂大典中録出彙編，分真定路爲一卷，河南路爲一卷，凡百三十四條，不應更有二本，殆編定後又有所更易耶？劉仁本序稱其以感觸興懷，慷慨激烈成詩歌者繼之，今三卷中都無一首，蓋所謂十六卷者，散佚多矣。焦氏國史經籍志至失其姓氏，幸有劉序尚可識其爲葛邏禄氏作。予考金臺集楊彝後序云：「易之自幼篤學爲詩，既長，訪古河朔，歷覽山川，以達其趣。」亦可爲一證。辛丑季夏，錢熙祚識。

（五）粤雅堂叢書本跋　伍紹棠

右河朔訪古記三卷，元納新撰。納新姓郭囉洛氏，字易之，西域人。自其先世寓居南陽，後移於鄞縣。所著金臺集，今尚有刻本。惟此書原十六卷久佚，四庫本從永樂大典録出，分爲三卷，具詳提要中。近得番禺沈氏鈔本，正其謬誤凡二十餘字。嗣得小峨山館藏本，視沈本互有得失。乃取二書覆勘，始授梓人。中如「連鵬舉使大金」一條，按宣和無八年，或敵國未知有改元之事，但金史交聘表及三朝北盟會編皆無鵬舉名，此足補傳記之闕。「玉華宫」一條，按元史祭祀志延祐七年太常博士言影堂用太常禮樂非是，制罷之，而此云延祐御史元永貞疏上不報，與史互歧，疑易之所言當得其實。「三公山碑」一條，按光和四年三公山碑載於洪氏隸釋，近乾隆初又出别出一三公山碑，乃元初四年所立，此云三公山碑有兩通，足補從前金石家所未及。所可疑者，「安陽橋」一條引説文、字林云洹水出晉魯之間，固足訂坊本説文「晉魯」作「齊魯」之誤。惟云洹水出上黨洹氏縣洹山，按漢地理志有泫氏無洹氏，則洹氏之「洹」當屬沿訛。又據李宗諤言以洹水至林慮爲洑源再發，按水經注云：「隆慮縣有黄華水，出於神囷之山黄華谷北崖。上高十七里，水出木門帶，帶即山之第三級也。去地七里，懸水東南注壑，直瀉巖下，狀若雞翹，故謂之雞翹洪。其水東流至谷口，潛入地下，東北十一里復出，名柳渚，渚周回五里，是黄華水重源再發也。東流，葦泉水注之，水出林慮山北澤中，東南流，與雙泉合，水出魯般門，東下流入葦泉水。葦泉水又東南流，注皇華水，謂之陵陽水。又東，入於洹水。」是酈氏所謂重源再發者乃皇華谷潛流出柳渚之水，而非洹水也。易之誤讀酈書，反謂洹水至林慮再出，未免失檢。考太平御覽引隋圖經：「洹水出隆慮縣西北，俗謂安陽河，即聲伯夢涉之所，源出林慮山東平地。」是隋唐人亦有謂洹水出林慮者，易之之誤，實本於此。是豈果陵谷遷變，所謂洹山舊源漸已湮廢，遂群指黄華谷之洑流再出者爲正源耶？余於地理素未深諳，姑識於此，以質之博雅君子。光緒乙亥上巳日，南海伍紹棠謹跋。

（六）武英殿聚珍版叢書本跋

孫星華

謹案河朔訪古記，四庫館臣搜輯於永樂大典，編成二卷，而傳播甚稀。道光時，金山錢氏據浙江文瀾閣本刻入叢書，則較館本多彰德路一卷。而綜計全書三卷，又僅一百三十一條，與提要所云一百三十四條者又復不合。錢氏跋中稱璜川吴氏有活字本亦同，因疑爲當時編成後有所更易，然無確據也。仁和朱修伯宗丞舊藏聚珍原印諸書，其所編書目載有是編，亦稱二卷。惜朱氏藏書悉已易姓，末由獲覩。閩刻聚珍本則夙未有此，兹據朱目補刻，以彌閩本之缺。而訪求二卷本，未之能得，姑據錢氏叢書本。墨板間有訛錯，别取粤東伍氏粤雅堂本互爲參校焉。若原印聚珍本中果有是書，則海内不乏儲藏家，當必有見之者，其異同若何，倘將來得一借校，庶慰此耿耿也，抑何幸歟！光緒乙未季秋，會稽孫星華季宜識。

（七）武英殿聚珍版叢書本劉仁本序附言　傅以禮

按聚珍本載有此序，而守山閣、粤雅堂兩本無之，因寓書丁松生明府丙從所藏羽庭集采録補刊。惟序稱徵序於搢紳先生若許安陽、黄金華、危臨川、余武威諸公者，論説盡矣，是劉序而外，是記尚有許有壬、黄溍、危素、余闕諸序。迺松生爲檢四家本集，均無其文，殆編訂時未經收入歟？丁酉四月既望，傅以禮附識。

（上海圖書館藏光緒乙未福建增刻武英殿聚珍版書本，索書號：綫普長328521—29521）

（八）秦更年題識　秦更年

往於劣賈柳蓉邨手中見潢川吴氏活字本，索十六元，不能減一，喚還之。此守山閣叢書零册，損三元收之，以備金石考證之用。乙卯三月，石藥簃燈下記。

後十年，過柳估肆中，其書仍在，柳死已數年矣。

（上海圖書館藏秦更年舊藏守山閣叢書本河朔訪古記卷首，索書號：綫普長90735）

（九）傅增湘題跋　傅增湘

校河朔訪古記跋

舊鈔河朔訪古記三卷，藍格，每半葉十一行，行二十字，書名標上魚尾上。此蕭山王氏萬卷樓寫本也。余别藏中吴紀聞、松漠紀聞、平江紀事皆如此式。鈐有「錫曾校讀」白文印，則曾藏魏氏績語堂矣。前附四庫館提要，與今本所載不同，蓋此爲初稿，於本書撰人尚未考悉。提要後有陳徵芝跋語，則據劉仁本羽庭集中本書序文定爲葛邏禄氏迺賢易之所撰，不知今刊本提要所引正是羽庭集文，意此書刊本陳氏固未之見耶！余曩時見法梧門藏四庫館鈔大典本宋元集數十家，其中提要之文與今本亦異，知爲館臣初稿，未經訂正者，兹書亦其例也。然正惟館中初寫之本，其文字尚未經删改，傳寫之誤亦差少，最爲可珍也。

兹得此本，以粤翻聚珍版校之，上卷改訂一百七字，中卷改訂一百三十六字，下卷改訂三十五字，凡約二百七十八字。其著者如卷上「九門故城」條論董忠獻事，云「其孫士選陝西平章，謚忠宣，子孫清顯，世罕及之者」，寥寥數語而已。鈔本作「其孫士選陝西平章，孤介剛毅，遍歷臺閣，號稱名臣，謚忠宣。子孫貴列朝寧，當代清顯，世罕能及之。故内翰元文敏公明善撰公家傳」云云。不獨平章以下文字詳略大異，其叙元明善撰家傳乃順叙而下，不似刊本之改作小字附注，是鈔本之叙次詳贍，勝於刊本，彰彰甚明矣。

嗚呼！四庫著録之書，以觸冒時忌而動遭改竄者固多，其不幸而遇庸妄之館吏及粗率之寫官，鹵莽滅裂，删落謬訛，失其本意者，正復不少，可勝歎哉！可勝歎哉！

（傅增湘撰、傅熹年整理藏園群書題記卷四史部三，上海古籍出版社，二〇二二年，第二七四至二七五頁）

宋金元人名索引

說明：

(1) 本索引之目的爲通盤展示河朔訪古記所載宋金元人物狀況，亦收少量遼代人物；

(2) 索引按照人名漢語拼音發音排序，首先是人物姓名，其次括注宋金元朝代名，再次標注條目序號與條目名；

(3) 索引中的人名除了大多數爲人物姓名外，還包括少量皇帝習稱（如金章宗、元世祖之類）、非漢語人名、僧人法號等，以及書中未能完整顯示姓名且不易查考的人名；

(4) 考慮到原書條目往往内容不多，有了姓名之後已經比較方便地查到原書的相關人物，故而不再根據原書中字、號、别號的稱呼編製索引。

B

C

L

M

N

O

Q

S

T

W

Y

Z

條目分地一覽表

説明：

(1) 本表意在直觀展示河朔訪古記所載針對的地方情況，故稱"條目分地一覽表"；

(2) 具體排列，以地名爲綱，以河朔訪古記相關條目爲目，相關條目以編號＋條目名的形式顯示；

(3) 地名按照元史地理志的記載與順序排列，河朔訪古記未涉及地名，也予列出；

(4) 所列地名涉及元代中書省真定路、順德路、廣平路、彰德路和河南江北行省河南府路五路，路下所領司、縣、府、州作下一層次，府、州下所領縣又作更下一層次，以示領屬關係；

(5) 凡列在録事司下者，即原書所稱某某路"城中"。

路	司/縣/府/州	縣	相關條目
真定路			1 真定路
	録事司		13 真一泉　19 真定路南門　28 玉華宫　29 開元寺　30 臨濟寺　35 唐清河郡王李寶臣紀功碑　36 王武俊碑　37 史丞相遺愛碑　38 墨史圖石刻　39 唐恒州刺史陶雲碑
	真定縣		2 真定縣　56 漢膠東侯賈復墓　58 褚先生墓　59 甄世良墓碑　60 蘇志道墓

續　表

路	司/縣/府/州	縣	相　關　條　目
	藁城縣		3 藁城縣　17 九門故城　20 郭況故臺　47 漢藁長蔡湛碑　48 隋九門令鉗耳府君碑　49 隋李康清德頌碑　50 浮圖碑　61 唐倪若水墓　62 王若虛墓
	欒城縣		4 欒城縣　23 欒武子廟　54 陳餘墓　55 漢蒲關侯柴武墓
	元氏縣		10 封龍山　25 李昉書院　26 徐童樹　40 三公神廟碑　41 唐盧舍那珉像碑
	獲鹿縣		
	平山縣		
	靈壽縣		
	阜平縣		
	涉縣		
	中山府		5 中山府　14 盧水　27 雪浪石　32 小寺　34 韓琦祠堂　42 定武蘭亭石刻
		安喜縣	6 安喜縣　15 陘邑縣故城　16 陘邑縣新城　21 雞鳴臺　52 漢中山王陵
		新樂縣	51 馮樂陵　57 郎氏墓碑

續 表

路	司/縣/府/州	縣	相 關 條 目
		無極縣	
	趙州		7 趙州 22 望漢臺 23 安濟橋 24 永通橋 31 柏林院 53 李左車墓
		平棘縣	8 平棘縣 11 千萬壘 43 漢耿球碑
		寧晉縣	
		隆平縣	
		臨城縣	
		柏鄉縣	9 柏鄉縣 18 南欒鄉城 44 徐整碑 45 柏鄉尉蘭君碑
		高邑縣	
		贊皇縣	46“吉日癸巳”石刻
	冀州		
		信都縣	
		南宮縣	
		棗彊縣	
		武邑縣	
		新河縣	

續 表

路	司/縣/府/州	縣	相 關 條 目
	深州		
		静安縣	
		衡水縣	
	晉州		
		鼓城縣	
		饒陽縣	
		安平縣	
		武彊縣	
	蠡州		
順德路			
	録事司		
	邢臺縣		
	鉅鹿縣		
	内丘縣		
	平鄉縣		
	廣宗縣		
	沙河縣		

續　表

路	司/縣/府/州	縣	相　關　條　目
	南和縣		
	唐山縣		12 巏嵍山
	任縣		
廣平路			
	録事司		
	永年縣		
	曲周縣		
	肥鄉縣		
	雞澤縣		
	廣平縣		
	磁州		69 磁州
		滏陽縣	70 滏陽縣　98 曹操疑塚
		武安縣	
		邯鄲縣	
		成安縣	
	威州		
		洺水縣	

續　表

路	司/縣/府/州	縣	相　關　條　目
		井陘縣	
彰德路			63 彰德路
	録事司		64 彰德路城中　81 康樂園　82 胡公里　83 緱山書院　86 觀音禪院　87 隋龍興寺碑　93 尉遲公廟碑　94 韓琦廟
	安陽縣		65 安陽縣　72 漳水　73 安陽橋　88 陶唐廟　89 湯聖王廟　95 河亶甲塚　96 黄堆塚　100 漢欒巴廟　104 韓國華墓　105 劉神川先生墓
	湯陰縣		66 湯陰縣　74 蕩水　75 羑水　76 宜師溝　84 雀城　85 涼馬臺　90 羑里城文王廟　92 扁鵲廟碑　101 晉嵇侍中廟墓　103 唐九節度師營壘
	臨漳縣		67 臨漳縣　77 鄴宫　78 鄴都南城　79 銅爵金鳳冰井三臺　80 華林苑　91 西門豹祠　97 魏武高陵　99 朝陽陵　102 晉佛圖澄墓
	林州		68 林州　71 黄華谷天平山
河南府路			106 河南府路　134 洛陽金石刻
	録事司		109 應天禪院

續　表

路	司/縣/府/州	縣	相　關　條　目
	洛陽縣		107 洛陽縣　108 白馬寺　110 上清宫　117 漢光武帝原陵　118 漢明帝顯節陵　119 漢章帝敬陵　120 和帝慎陵　121 順帝憲陵　122 魏明帝高平陵　130 漢劉寬墓　132 宋范仲淹墓　133 邵康節先生墓
	宜陽縣		
	永寧縣		
	登封縣		111 嵩陽宫　112 崇福宫　113 測影臺　114 嵩山中嶽廟　115 中嶽中天崇聖帝廟
	鞏縣		123 宋太祖永昌陵　124 宋太宗永熙陵　125 真宗永定陵　126 仁宗永昭陵　127 英宗永厚陵　128 神宗永裕陵　129 哲宗永泰陵　131 杜氏墳
	孟津縣		
	新安縣		
	偃師縣		116 昇仙太子廟
	陜州		
		陜縣	

續　表

路	司/縣/府/州	縣	相　關　條　目
		靈寶縣	
		閿鄉縣	
		澠池縣	

碑刻概況一覽表

説明：

(1) 本表之目的爲通盤展示河朔訪古記所載歷代碑刻的基本情況；

(2) 按照朝代排列，原書未記具體年代者則放在最後，而不再考證具體年代，部分碑刻年代有不同意見者仍依原書；

(3) 碑刻名稱盡量用原書所稱者，少數係新擬，新擬者並不追求與原書使用者統一；

(4) 凡原書記載碑刻有録文（大都爲節文）者，於名稱後標“＊”符號；

(5) 表中地點與附録四可以對應，衹是路名加“城”者相當於附録四中的録事司，府名、州名和縣名加“城”者在附録四中仍爲府、州、縣名，而地點中加“城”者，又往往出自原文；

(6) 具體描述大都使用原書中的文字，用引號標出，少量是新作歸納的，往往是三、四字而已；

(7) 全書最後一條“洛陽金石刻”所記碑刻最多，此條出自宋人鄭樵通志金石略，原書注爲“東京”，因知此條所謂“洛陽”約指唐宋時期之洛陽，而非僅僅指元代河南府路所領之洛陽縣，而表中仍作“洛陽”。

序號	名稱	朝代	地點	具體描述	條目
1	“吉日癸巳”石刻	周	贊皇縣城	“嘉祐己亥，移置高邑縣廳壁。元至元	46“吉日癸巳”石刻

續　表

序號	名稱	朝代	地點	具體描述	條目
				二十三年乙酉,復移黿贊皇廟學之壁。”	
2	三公山碑二	漢	元氏縣	“縣西故城西門外八都神壇,亦有三公山碑一通,漢光和四年常山相馮巡所立。”	40 三公神廟碑
3	藁長蔡湛碑	漢	藁城縣城	“光和四年立,並碑陰全。”	47 漢藁長蔡湛碑
4	劉寬墓碑一	漢	洛陽	“漢隸,蔡邕所書。碑首題曰‘漢太尉、車騎將軍、特進、逯鄉侯劉公碑’。”“其一碑,門生殷包等所立,碑陰刻贈物緑含玉、落星錦之類。”“寬以漢中平二年卒。”“至唐咸亨元年,其裔孫湖城公爽,以碑歲久,皆仆於野,爲再立之,併記其世序云。”	130 漢劉寬墓
5	劉寬墓碑二	漢	洛陽	“漢隸,蔡邕所書。碑首題曰‘漢太尉、車騎將軍、特進、逯鄉侯劉公碑’。”“一碑,故吏李謙所立也,碑陰刻故吏鄉里名氏云。”“寬以漢中平二年卒。”	130 漢劉寬墓

續　表

序號	名稱	朝代	地點	具體描述	條目
				"至唐咸亨元年，其裔孫湖城公爽，以碑歲久，皆仆於野，爲再立之，併記其世序云。"	
	大尉劉寬碑二通	漢	洛陽		134 洛陽金石刻
6	封龍山頌碑	漢	元氏縣	封龍山下三公神廟內。	40 三公神廟碑
7	三公山碑一	漢	元氏縣	封龍山下三公神廟內。	40 三公神廟碑
8	白石神君碑	漢	元氏縣	封龍山下。	40 三公神廟碑
9	無極山碑	漢	元氏縣	封龍山下。	40 三公神廟碑
10	耿球碑	漢	平棘縣	"作漢隸書。"	43 漢耿球碑
11	柏人令徐君碑	漢	柏鄉縣	"柏鄉縣西南七十里，柏鄉故城之西門內。"	44 徐整碑
12	丞相蕭何碑	漢	洛陽	"折作兩段。"	134 洛陽金石刻
13	三斷碑二通	曹魏	洛陽	"皆漫無字。"	134 洛陽金石刻

續 表

序號	名 稱	朝代	地 點	具 體 描 述	條 目
14	冰井臺窖上石銘	後趙	臨漳縣	"又有窖粟及鹽，以備不虞。今窖上石銘猶存焉。"	79 銅爵金鳳冰井三臺
15	兗州刺史李使君碑	北魏	趙州	"元魏景明二年所立。"	53 李左車墓
16	侍中廣平穆王碑	北魏	洛陽	"俗云陵冢碑，大昌元年立。"	134 洛陽金石刻
17	景王碑	北魏	洛陽		134 洛陽金石刻
18	魏汝南文宣王碑	北魏	洛陽		134 洛陽金石刻
19	末帝碑	北魏	洛陽		134 洛陽金石刻
20	昇仙太子廟碑	北魏	洛陽	"梁雅文。"	134 洛陽金石刻
21	元魏碑	東魏	洛陽	"韓殷隸書，天平四年立。"	134 洛陽金石刻
22	佛龕碑	北齊	洛陽	"天統三年立，武平二年刻。"	134 洛陽金石刻
23	二祖天師碑	北齊	洛陽		134 洛陽金石刻
24	馮翊王平等寺碑	北齊	洛陽		134 洛陽金石刻

續　表

序號	名稱	朝代	地點	具體描述	條　目
25	齊思王碑	北齊?	滏陽縣	“廟北,一高丘之前,鉅碑一通,螭首龜趺,齊思王之碑,姜一芝所撰云。”	98 曹操疑塚
26	九門令鉗耳府君碑	隋	藁城縣	“九門城中。”“不載書撰名字。碑首題云‘大隋恒山郡九門令鉗耳清德之頌’。”“字畫遒勁,非歐、虞不能及也。”	48 隋九門令鉗耳府君碑
27	李康清德頌碑	隋	藁城縣	“九門城中。”“不著書撰名氏。文爲聲偶,而字畫奇古可愛。碑首題曰‘大隋冠軍將軍、大中都督、恒州九門縣令隴西李君清德之頌’。字多訛闕。”隋開皇十一年。	49 隋李康清德頌碑
28	龍興寺碑	隋	彰德路城	“龍興寺寺前,豐碑一道,是爲隋龍興寺(碑)。范陽張庭珪八分書,其文則相州刺史越王撰。蓋所謂‘信行禪師傳法碑’也。”	87 隋龍興寺碑
29	郎茂碑*	唐	新樂縣	“皆李百藥撰,宋才書,字畫甚偉。”	57 郎氏墓碑

續　表

序號	名稱	朝代	地點	具體描述	條目
30	郎穎碑*	唐	新樂縣	“皆李百藥撰，宋才書，字畫甚偉。”“穎以貞觀四年卒。”	57 郎氏墓碑
31	浮圖碑	唐	藁城縣	“九門城西。”“題云‘九門縣合鄉城人等爲國建浮圖之碑’。唐應詔四科舉董行思撰文，清河傅德節書，唐高宗上元三年歲在丙子建浮圖。在智矩寺。”	50 浮圖碑
32	恒州刺史陶雲碑*	唐	真定路城	“字爲行草書，筆勢遒勁，而不著書者姓名。其文，則唐申州録事張義感所撰。”“其碑則永淳三年立也。”	39 唐恒州刺史陶雲碑
33	伊州刺史衙府君碑	唐	洛陽	“長安三年立。”	134 洛陽金石刻
34	鄭州司馬王公碑	唐	洛陽	“景龍三年立。”	134 洛陽金石刻
35	延州刺史孫公碑	唐	洛陽	“開元二年立。”	134 洛陽金石刻
36	工部侍郎趙公碑	唐	洛陽	“王宣書，開元十年立。”	134 洛陽金石刻
37	歙州刺史郭府君碑	唐	洛陽	“開元十二年立。”	134 洛陽金石刻

續 表

序號	名稱	朝代	地點	具體描述	條目
38	嵩山寺頌碑	唐	洛陽	“胡莫書，開元十七年立。”	134 洛陽金石刻
39	程公碑	唐	洛陽	“陸賢書，開元二十年立。”	134 洛陽金石刻
40	尉遲迥廟碑*	唐	彰德路城	“（張）嘉祐之建祠也，顔真卿爲記其事，蔡有隣書之。碑陰紀迥靈異之事。”“開元二十六年二月二十一日，華州鄭縣尉閻伯璵序，秘書省校書郎顔真卿銘，蔡有隣書。”	93 尉遲公廟碑
41	東都留守盧府君碑	唐	洛陽	“開元中立。”	134 洛陽金石刻
42	清河郡王李寶臣紀功碑一	唐	真定路城	“其碑極高大，永泰二年所立也。”	35 唐清河郡王李寶臣紀功碑
43	清河郡王李寶臣紀功碑二	唐	真定路城	“大曆三年立。”“今在居民房屋土底，常有人掘見云。”	35 唐清河郡王李寶臣紀功碑
44	開元寺三門石柱題刻*	唐	真定路城	“寺内三門石柱，刻曰：‘大曆十二年，藁城主簿李宿撰解惠寺三門樓贊’云。”	29 開元寺
45	太子賓客王府君碑	唐	洛陽	“周式書，大曆中立。”	134 洛陽金石刻

續　表

序號	名稱	朝代	地點	具體描述	條目
46	右僕射曹公碑	唐	洛陽	“貞元四年立。”	134 洛陽金石刻
47	王武俊碑	唐	真定路城	“復有鉅碑埋土中，止露碑首，長及丈五。題曰‘王武俊碑’，貞元五年立，文字皆不可考。”	36 王武俊碑
48	房州刺史盧府君碑	唐	洛陽	“張文禧書，貞元九年立。”	134 洛陽金石刻
49	太原少尹盧府君碑	唐	洛陽	“張文禧書，貞元九年立。”	134 洛陽金石刻
50	嵩陽宫殿東柱刻石*	唐	登封縣	“殿東柱刻曰：‘國子博士韓愈與著作郎樊宗師、處士盧仝、道士趙元遇，元和四年三月二十六日題。’”	111 嵩陽宫
	嵩山題名碑	唐	洛陽	“韓愈書。”	134 洛陽金石刻
51	劍南東西川鹽鐵青苗租庸等使兼殿中侍御史虢州刺史嚴公碑	唐	洛陽	“顔頵書，元和中立。”	134 洛陽金石刻

續 表

序號	名 稱	朝代	地 點	具 體 描 述	條 目
52	左僕射牛公碑	唐	洛陽	"長慶三年立。"	134 洛陽金石刻
53	義成軍節度使曹公碑	唐	洛陽	"長慶四年立。"	134 洛陽金石刻
54	江陰縣令武登碑	唐	洛陽	"長慶四年立。"	134 洛陽金石刻
55	魏公碑	唐	洛陽	"太和六年立。"	134 洛陽金石刻
56	散騎常侍黎公碑	唐	洛陽	"嗣子書，太和中立。"	134 洛陽金石刻
57	丞相司空李公碑	唐	洛陽	"太和中立。"	134 洛陽金石刻
58	韓尊師道德碑	唐	洛陽	"開成四年立。"	134 洛陽金石刻
59	邕州刺史裴公碑	唐	洛陽	"鄭還古書，開成五年立。"	134 洛陽金石刻
60	齊州刺史崔府君碑	唐	洛陽	"崔平書，大中八年立。"	134 洛陽金石刻
61	節度使畢公碑	唐	洛陽	"庚惟蔚書，咸通六年立。"	134 洛陽金石刻
62	三公山碑三	唐	元氏縣	"(縣西故城西門外八都神壇)壇側又有唐三公山碑一通。"	40 三公神廟碑

續 表

序號	名稱	朝代	地點	具體描述	條目
63	盧舍那珉像碑	唐	元氏縣城	在開元寺。“唐蔡有鄰隸書。”	41 唐盧舍那珉像碑
64	定武蘭亭石刻	唐	中山府城	“舊在中山府庫中，爲天下名本，今埋没不知所在。”	42 定武蘭亭石刻
65	柏鄉尉蘭君碑	唐	柏鄉縣城	“潞州進士張瓌製文。將樹碑時，皇叔觀察使完顔從郁適朝京還，因題詩一章於碑後。”“鄉人併刻其詩于碑後。”	45 柏鄉尉蘭君碑
66	萬人塚碑	唐	湯陰縣	“乃節度使薛嵩掩骨作此大塚，幕府御史陸長源撰記刻碑，立塚上。”	103 唐九節度師營壘
67	齋宫詩碑	唐	洛陽縣	上清宫内。唐玄宗撰。	110 上清宫
68	杜甫詩刻石	唐	洛陽縣	上清宫内。“廟壁龕杜甫五言古詩一首，唐陸肱所書碑。”	110 上清宫
	杜甫題玄元皇帝廟詩碑	唐	洛陽	“陸肱書。”	134 洛陽金石刻
69	聖德感應頌碑	唐	登封縣	嵩陽宫前。“唐徐浩書。”	111 嵩陽宫

續　表

序號	名稱	朝代	地點	具體描述	條目
70	中嶽廟碑	唐	登封縣	韋行儉撰。	114 嵩山中嶽廟
71	昇仙太子廟碑一	唐	偃師縣	"一通乃左相陳希烈撰文,徐浩書。"今不存。	116 昇仙太子廟
72	昇仙太子廟碑二	唐	偃師縣	"一通則武后自書撰。今不存。"	116 昇仙太子廟
73	啓母廟碑	唐	洛陽	"楊炯文。"	134 洛陽金石刻
74	金字碑	唐	洛陽	"韓滉書。"	134 洛陽金石刻
75	龍門龕石像碑	唐	洛陽	"袁元哲書。"	134 洛陽金石刻
76	彭王傅贈太子少師徐浩碑	唐	洛陽	"次子徐峴書。"	134 洛陽金石刻
77	啓聖宮臺敕碑	唐	洛陽	"太子亨題。"	134 洛陽金石刻
78	洛陽尉馬允中碑	唐	洛陽		134 洛陽金石刻
79	黄門侍郎孫公碑	唐	洛陽		134 洛陽金石刻
80	荆州長史孫公碑	唐	洛陽	"張庭諷書。"	134 洛陽金石刻

續 表

序號	名稱	朝代	地點	具體描述	條目
81	陳公碑	唐	洛陽	"蕭祐書。"	134 洛陽金石刻
82	塞軍使張公碑	唐	洛陽		134 洛陽金石刻
83	明威將軍田府君碑	唐	洛陽		134 洛陽金石刻
84	左衛大將軍卞國公泉公碑	唐	洛陽	"彭杲書。"	134 洛陽金石刻
85	左僕射太子少保劉公碑	唐	洛陽		134 洛陽金石刻
86	都督隴右羣牧韋公碑	唐	洛陽		134 洛陽金石刻
87	秦公碑	唐	洛陽		134 洛陽金石刻
88	太子少師崔公碑	唐	洛陽		134 洛陽金石刻
89	廬州司馬劉府君碑	唐	洛陽		134 洛陽金石刻
90	真堂記碑	唐	洛陽		134 洛陽金石刻

續 表

序號	名稱	朝代	地點	具體描述	條目
91	測景臺記碑	唐	洛陽		134 洛陽金石刻
92	會喜寺碑	唐	洛陽	“徐洪八分書。”	134 洛陽金石刻
93	嵩嶽廟碑	唐	洛陽	“八分書。”	134 洛陽金石刻
94	辯正禪師奉先塔銘碑	唐	洛陽	“徐現書。”	134 洛陽金石刻
95	太子翊善鄭公碑	唐	洛陽		134 洛陽金石刻
96	光福寺塔題名碑	唐	洛陽	“王仲舒書。”	134 洛陽金石刻
97	澠池縣南館記碑	唐	洛陽	“盧元卿八分書。”	134 洛陽金石刻
98	太子賓客孟簡碑	唐	洛陽		134 洛陽金石刻
99	普寧郡王陳府君碑	唐	洛陽	“蕭祐書。”	134 洛陽金石刻
100	權公碑	唐	洛陽		134 洛陽金石刻
101	太原尹唐公碑	唐	洛陽	“盧曉八分書。”	134 洛陽金石刻

續 表

序號	名 稱	朝代	地 點	具 體 描 述	條 目
102	工部侍郎趙國公碑	唐	洛陽	“襄陽李公碑。”	134 洛陽金石刻
103	惠林寺題名碑	唐	洛陽		134 洛陽金石刻
104	惠林寺新修軒廊記碑	唐	洛陽		134 洛陽金石刻
105	清河崔公碑	唐	洛陽		134 洛陽金石刻
106	太子賓客孔府君碑	唐	洛陽		134 洛陽金石刻
107	諫議大夫王府君碑	唐	洛陽		134 洛陽金石刻
108	白樂天墓志碑	唐	洛陽		134 洛陽金石刻
109	刑部尚書白居易碑	唐	洛陽	“許郊書。”	134 洛陽金石刻
110	吏部郎中盧府君碑	唐	洛陽		134 洛陽金石刻
111	如雲筠禪師碑	唐	洛陽	“楊遠書。”	134 洛陽金石刻
112	尊勝幢碑	唐	洛陽	“篆書。”	134 洛陽金石刻

續 表

序號	名稱	朝代	地點	具體描述	條目
113	心經幢子碑	唐	洛陽	“篆書。”	134 洛陽金石刻
114	白樂天龍門八節灘詩碑	唐	洛陽	“樂天自書。”	134 洛陽金石刻
115	蕭府君碑	唐	洛陽		134 洛陽金石刻
116	杭州刺史李公碑	唐	洛陽	“部公書。”	134 洛陽金石刻
117	邛州刺史狄君碑	唐	洛陽		134 洛陽金石刻
118	幽林思嵩山詩碑	唐	洛陽	“韓覃作。”	134 洛陽金石刻
119	白樂天香山寺詩三十韻碑	唐	洛陽	“賀拔惎書。”	134 洛陽金石刻
120	李德裕平泉山居詩碑	唐	洛陽		134 洛陽金石刻
121	天后御製詩碑	唐	洛陽	“王知恭書。”	134 洛陽金石刻
122	後魏大將軍泉府君碑	唐	洛陽		134 洛陽金石刻

續　表

序號	名 稱	朝代	地 點	具 體 描 述	條　目
123	華夷圖碑	唐	洛陽		134 洛陽金石刻
124	洪州録事參軍趙道先碑	唐	洛陽		134 洛陽金石刻
125	隋州録事參軍狄公碑	唐	洛陽		134 洛陽金石刻
126	柏林院大石塔古薤葉篆題刻	宋	趙州城	塔景祐五年建。	31 柏林院
127	嵇侍中廟碑*	宋	湯陰縣	“有宋碑一通,乃淮南節度使、司徒、兼侍中、判大名府兼北京留守司事、大名府路安撫使、魏國公韓琦記並書,熙寧三年八月十五日,縣令張楙立石。”	101 晉嵇侍中廟墓
128	安濟橋華表柱連鵬舉使金題刻*	宋	平棘縣	“華表柱上,宋臣使金者刻題甚多,不能盡讀。有刻曰:‘連鵬舉使大金,至絶域,實居首選。宣和八年八月壬子題。’”	23 安濟橋

續 表

序號	名稱	朝代	地點	具體描述	條目
129	望漢臺銘刻石	宋	趙州城	“(知軍州事劉戒)命州判官趙徽之撰望漢臺銘刻石,其碑今在州衙前金刺史趙温謌碑樓下。”大觀四年。	22 望漢臺
130	宋碑	宋	元氏縣	在吟臺。	25 李昉書院
131	雪浪石銘	宋	中山府城	蘇軾撰。鐫於石盆口。	27 雪浪石
132	吴道子畫布袋和尚像石刻	宋	真定路城	臨濟寺内。	30 臨濟寺
133	摇鈴普化真讚石刻	宋	真定路城	臨濟寺内。	30 臨濟寺
134	東坡墨竹緑�軒詩石刻	宋	真定路城	臨濟寺内。蘇軾撰。	30 臨濟寺
135	韓琦祠堂碑*	宋	中山府城		34 韓琦祠堂
136	晝錦堂記碑	宋	彰德路城	“魏公自爲記,書而刻諸晝錦堂上。”“今移至魏公祠堂。”	81 康樂園
137	修西門豹祠碑*	宋	臨漳縣	“廟有宋修祠碑一道,則錢塘楊蒙所撰。”	91 西門豹祠

續　表

序號	名稱	朝代	地點	具體描述	條目
138	韓琦廟碑一	宋	彰德路城	"廟昔有宋中書舍人王靚所撰碑，兵毁不存。"	94 韓琦廟
139	韓琦廟碑二	宋	大名府	"丞相温國文正公司馬光撰。"	94 韓琦廟
140	韓琦廟碑三	宋	磁州	"真州楊子縣事徐薦撰。"	94 韓琦廟
141	晝錦堂詩石刻*	宋	彰德路城	韓琦書。	94 韓琦廟
142	韓琦墓神道碑	宋	安陽縣	"天子御製碑文，題曰'兩朝顧命定策元勳之碑'，命龍圖閣學士宋敏求即墳所書。"	94 韓琦廟
143	韓國華神道碑*	宋	湯陰縣	"神道之碑，則樞密使富弼撰，翰林承旨王珪書。碑首題曰'宋故太中大夫、行右諫議大夫、南陽郡開國男、贈開府儀同三司、太師、中書令兼尚書令、魏國公韓公神道碑銘'。"	104 韓國華墓
144	三藏贊碑	宋	洛陽	白馬寺内。"撰文、書篆皆宋真宗御製也。"	108 白馬寺

續　表

序號	名稱	朝代	地點	具體描述	條目
145	白馬寺碑	宋	洛陽	“翰林學士蘇易簡所撰碑一通，備載寺之興廢始末甚詳。”	108 白馬寺
146	中嶽廟碑	宋	登封縣	盧多遜撰。	114 嵩山中嶽廟
147	中嶽廟碑	宋	登封縣	王曾撰。	114 嵩山中嶽廟
148	中嶽廟碑	宋	登封縣	陳知微撰。	114 嵩山中嶽廟
149	范仲淹墓碑	宋	洛陽縣	“兆内文正公之碑，則歐陽文忠公撰文，賜曰‘懷賢之碑’。”	132 宋范仲淹墓
150	范忠宣公神道碑	宋	洛陽縣	“忠宣公神道碑，則曾文昭公肇撰文，賜曰‘世濟忠直之碑’。”	132 宋范仲淹墓
151	永通橋碑	金	平棘縣	橋係“金明昌間，趙人裒錢而建也”。“建橋碑文，中憲大夫致仕王革撰。”	24 永通橋
152	趙温謌碑	金	趙州城	“州衙前金刺史趙温謌碑樓。”	22 望漢臺
153	劉法墨史圖石刻	金	真定路城	“楊秘監邦基畫，及金諸賢詩，極精妙也。”	38 劉法墨史圖石刻

續　表

序號	名稱	朝代	地點	具體描述	條目
154	褚先生墓碑*	金	真定縣	"墓上小碣一通。"	58 褚先生墓
155	養素堂碑	金	彰德路城	"其碑尚存。"	81 康樂園
156	陶唐廟碑*	金	安陽縣	"廟有金應奉翰林文字、同知制誥趙秉文所撰碑一通，並書篆額。"	88 陶唐廟
157	永通橋圖碑	金	平棘縣	"橋左復有小碣，刻橋之圖，金儒題詠併刻于下。"	24 永通橋
158	文王廟碑	元	湯陰縣	"廟有一碑，則太常博士、借注户部員外郎兼應奉翰林文字胡祗遹記，大元至元六年夏十有二日建。"	90 羑里城文王廟
159	重摹晝錦堂記碑	元	彰德路城	"至元間再模而刻。宋參知政事歐陽修撰，翰林學士蔡襄書，龍圖學士邵必大篆，世稱爲'四絶碑'云。"	94 韓琦廟
160	史丞相遺愛碑*	元	真定路城	"螭首龜趺，高四十尺，冠以華屋壯麗崇峻。其文，則郡教授吴特起撰也。"	37 史丞相遺愛碑

續 表

序號	名 稱	朝代	地 點	具 體 描 述	條 目
161	史天澤墓碑	元	真定縣	"翰林學士徒單公履撰。"敕賜文。	37 史丞相遺愛碑
162	史天澤神道碑	元	真定縣	"翰林承旨王磐撰。"敕賜文。	37 史丞相遺愛碑
163	懷賢之碑*	元	真定縣	"請監察御史楊君俊民爲文,刻諸石,名曰'懷賢之碑',以表其墓。"	56 漢膠東侯賈復墓
164	甄世良墓碑一	元	真定縣	"墓碑題曰'元故僉浙東海右道肅政廉訪司事甄君之墓'。"	59 甄世良墓碑
165	甄世良墓碑二*	元	真定縣	"墓前一碑,中奉大夫、陝西諸道行御史臺侍御史趙郡蘇天爵撰文,國子司業王理書,翰林直學士謝端篆碑。"	59 甄世良墓碑
166	蘇氏先塋碑*	元	真定縣	"奎章閣侍書學士蜀郡虞公集撰,翰林承旨吴興趙文敏公孟頫書丹,爲二絶之筆也。"	60 蘇志道墓
167	蘇志道墓碑	元	真定縣	虞集撰。	60 蘇志道墓
168	王若虚墓碑	元	藁城縣	"墓前碑,則元遺山所撰也。"	62 王若虚墓

續　表

序號	名稱	朝代	地點	具體描述	條目
169	湯聖王廟碑	元	安陽縣	"廟有少中大夫、山東東西道提刑按察使胡祗遹所撰碑。"	89 湯聖王廟
170	王磐五言古詩石刻*	元	湯陰縣	"廟壁龕,翰林承旨永年王磐五言古詩石刻一通。"	90 羑里城文王廟
171	扁鵲廟碑一	元	湯陰縣	"一碑教授張仲文撰。"	92 扁鵲廟碑
172	扁鵲廟碑二	元	湯陰縣	"一碑太中大夫、江南浙西道提刑按察使武安胡祗遹撰。"	92 扁鵲廟碑
173	重建韓琦廟碑	元	彰德路城	"國朝重建廟碑一通,晉州判官高書訓所撰。"	94 韓琦廟
174	大元重修釋源大白馬寺賜田功德之碑*	元	洛陽	"庭中一鉅碑,龜趺螭首,高四丈餘。碑首刻曰'大元重修釋源大白馬寺賜田功德之碑'。榮禄大夫、翰林承旨閻復奉敕撰。"	108 白馬寺
175	測影臺碑	元	登封縣	"其碑則河南憲史李用中撰文也。"	113 測影臺
176	中嶽廟代祀碑多方	元	登封縣	"兩廡碑石森列,皆國朝代祀者所立也。"	114 嵩山中嶽廟

續 表

序號	名稱	朝代	地點	具體描述	條目
177	重修中嶽廟碑	元	登封縣	"盧陵歐陽玄撰。"	114 嵩山中嶽廟
178	昇仙太子廟碑	元	偃師縣	"國朝陳天祥所撰者也。"	116 昇仙太子廟
179	范氏復祖墳碑*	元	洛陽縣	"墓東則守墳袞賢寺,寺有范氏復祖墳碑一通,天台陳基之文。"	132 宋范仲淹墓
180	雪浪石圖碑		中山府城	"西廡下一碑,圖石之形,併刻其銘于右。"	27 雪浪石
181	王維畫竹碑二通		中山府城	"一黑一白,世謂'陰陽竹'也。"	27 雪浪石
182	轉藏經碑		真定路城	開元寺內。"梁王承規集王右軍書。"	29 開元寺
183	封居賦碑		真定路城	開元寺內。	29 開元寺
184	小篆千文碑		真定路城	開元寺内。	29 開元寺
185	扁鵲墓碑		湯陰縣	"一碑題曰'神應王扁鵲之墓'。"	92 扁鵲廟碑
186	嵇侍中墓碑		湯陰縣	"道左小碣,題曰'晉忠臣嵇紹之墓'。"	101 晉嵇侍中廟墓
187	中嶽石闕題刻		登封縣		115 中嶽中天崇聖帝廟